나의
첫
한문 공부

손으로 쓰고
마음으로 새기는

나의
첫
한문 공부

공원국

민음사

머리말

　인류는 수천 년 전부터 문자를 사용하기 시작했습니다. 메소포타미아의 쐐기 문자, 이집트 문자, 인더스 문자 등이 문명과 함께 피어났지요. 그러나 생겨날 때의 모습으로 지금까지 살아남은 문자는 한자가 유일합니다. 놀랍게도 한자를 알면 아득한 3000년 전의 기록도 읽을 수 있습니다! 더욱이 한자는 태어난 날부터 지금까지 꾸준히 영향력을 확대해 왔지요. 한자는 한국어와 일본어는 물론이고, 베트남, 태국, 심지어 몽골과 터키어에도 영향을 미쳤습니다. 그리고 동아시아가 다시금 과거의 위상을 되찾아 가는 현재에도 한자의 중요성은 나날이 커지고 있습니다.

　넓게 보면 한자는 우리 글입니다. 우리말은 그 고유한 문법을 그대로 간직한 채 한자어를 포용하여 풍부해졌습니다. 그래서 한자를 익히지 않으면 참뜻을 알 수 없는 말들이 많습니다. 한자를 익히는 것은 우리말을 더욱 깊이 이해하고 사랑하는 일이기도 합니다.

　익숙지도 않고 획수도 많은 한자를 하나하나 습득하는 일은 어렵습니다. 그러나 한자는 뜻글자라서 한번 제대로 외우면 잘 잊히지 않습니다. 뜻글자의 장점은 그 방대한 응용 능력입니다. 하나를 익히면 열을 알 수 있다는 이야기지요. 예를 들어 '듣는다'는 뜻의 '청(聽)'이라는 글자를 익히면, 청취(聽取), 청강(聽講), 청각

(聽覺), 청력(聽力), 경청(傾聽), 시청(視聽), 난청(難聽) 등 수백 단어의 의미를 짐작할 수 있습니다. 알면 알수록 더 쉬워지는 것이 한자의 세계입니다. 대나무 쪼개는 것을 상상해 보세요. 처음에는 단단해서 칼이 잘 먹히지 않지만, 일단 칼이 들어가면 '쫙' 갈라지지요.

그럼 한자는 어떻게 공부해야 할까요? 당연히 글로, 즉 한문으로 배우는 것이 좋습니다. 한자는 뜻글자이기에 문장을 통해 의미를 연관 지으면 더욱 기억하기가 쉽지요. 더욱이 한자를 익히는 최종 목적도 한문을 읽기 위함입니다. 그렇다면 한자를 자연스럽고도 정확하게 익히는 데 도움이 되는 한문 교재가 필요합니다.

그런데 한문 학습은 부지불식간(不知不識間)에 학생의 인격에 심대한 영향을 미칩니다. 학생은 글자 하나하나와 문장의 의미를 계속 되뇌어야 하기 때문에 자신도 모르는 사이에 교재의 내용을 자기의 것으로 받아들이게 되지요. 그래서 어린이용 한자(한문) 교재를 만드는 사람들은 2000년 전부터 내용에 대해 고민해 왔습니다. 중국에서는 『효경(孝經)』, 『천자문(千字文)』, 『몽구(蒙求)』를 비롯한 수많은 교재들이 계속 문제점을 보완해서 발행되다가, 성리학의 대가 주희(朱熹)가 『소학(小學)』을 씀으로써 정점에 이르렀습니다. 우리나라에서도 『천자문』은 역대로 큰 인기를 누렸고, 『천자문』의 결점을 보완하고자 『훈몽자회(訓蒙字會)』라는 책도 나왔습니다. 그러나 『천자문』과 『훈몽자회』는 '한문'이 아니라 '한자' 단어 학습서라고 보는 것이 타당합니다. 이 외에도 우리 선조들은 『동몽선습(童蒙先習)』, 『격몽요결(擊蒙要訣)』 등을 썼지만 대개 『소학』의 그늘을 벗어나지 못했습니다. 『동몽선습』의 내용 일부는 주희의 방대한 문집에서 인용한 성리학의 사변론이라서 어린이는 물론 어른조차 이해하기 힘들고, 『격몽요결』의 예법에 관한 장은 모두 어른을 위한 내용입니다. 『사자소학(四字小學)』은 어린이들이 익히기 쉬운 4자 대구(對句) 형식을 잘 활용하여 크게 유행했지만 역시 『소학』의 내용을 편집한 것입니다.

제가 보기에 한자 학습용으로는 "천지현황(天地玄黃)"이라는 우주의 모양에서 시작하여 시문과 경문을 아우르며 완벽한 대구로 정리된 『천자문』이 후대의 '소학류'보다 훌륭하고, 한문 학습용으로는 형식의 완결성과 내용의 포괄성 면에서『소학』이 최고의 교재였습니다. 그럼 오늘날의 초학자들을 위한 훌륭한 교재는 무엇이 있을까요?

전통은 새로 구성해야 한다

당돌하게 들리겠지만 저는 오늘날 시대적 소명을 가지고 만든 초학자용 한문 교재는 없다고 말하겠습니다.『천자문』과『소학』혹은『사자소학』의 내용을 이리저리 편집한 책들이 수십 종 있지만, 한문을 전공한 사람들이 시대에 맞는 독창적인 내용을 선보였다는 소식은 아직 듣지 못했습니다. 오늘날 시대가 요청하는 것이 1000년, 2000년 전에 사람들이 공유하고자 했던 가치 그대로일리는 없지요. 그 내용은 이미 바뀌었을 뿐 아니라, 이제 뿌리부터 재정립할 필요성이 커지고 있습니다.

특히 수백 년 동안 어린이 한문 교육의 주류였던『소학』은 이제 생명력을 거의 소진했습니다. 가장 큰 이유는 성리학이 그 깊은 철학적 가치에도 불구하고 현대 사회에서 수명을 다했기 때문입니다.『소학』은 이른바 '이단(異端)'에 대한 혐오감으로 인해 고대의 풍부한 한문 문헌들의 일면만 바라봅니다. 예컨대 공자(孔子)와 그리 멀지 않은 시기에 살았던 혁명적 철학자인 묵자(墨子)의 말은 등장하지 않습니다. 오늘날 과학 시대는 구체적인 대상에서 고도의 추상에 도달하는 유추식(類推式) 사고, 유추에 기반한 광범위한 상상적 사고를 요구하고 있습니다. 그러나 성리학은 사변적인 방법 이외에는 증명할 수 없는 태극과 음양에서 출발하는 체계 때문에 일상과 일용에서 멀어져 과학적 방법론을 수용하는 데 걸림돌이 되고 말았습니다. 실상『소학』은 어린이를 위한 '성리학' 교과서입니다.

『소학』의 세부 내용 또한 극단적인 것들이 많습니다. 과연 '며느리 부(婦)'라는 글자를 익히기 위해 정든 가정에서 여성을 쫓아내려 만든 '칠거지악(七去之惡)'을 배우고, '효도 효(孝)'라는 글자를 익히기 위해 '맞아서 피가 흘러도 감히 미워하지도 원망하지도 말라〔撻之流血, 不敢疾怨〕'는 가르침을 따라야 할까요? 예의를 배우고자 이미 사라진 관혼상제의 복잡한 형식을 익혀야 할까요? 『소학』은 '어린이〔小〕를 위한 책〔學〕'이지만, 사실은 어린이를 어른 사대부의 관념에 짜맞추고자 한 책입니다. 이런 방식으로는 더 이상 초학자들의 마음에 참된 효(孝)와 예(禮)가 뿌리내리게 할 수 없습니다.

우리 조상들이 『소학』을 기본으로 쉽게 편집한 『사자소학』도 다르지 않습니다. 300구절 남짓한 내용 중에 '하지 말라〔不〕'와 '반드시 하라〔必〕'로 된 구절이 무려 80개에 달합니다. '높은 나무에 올라가지 말고', '깊은 못에서 헤엄치지 말라'는 당부는 이해가 되지만, '어버이 무릎 위에 앉지도 말고', '얼굴을 쳐다보지도 말라'는 것은 지나치지 않은가요? 이렇게 자잘한 규범을 늘어놓다가 갑자기 '충성을 하려면 목숨을 바쳐라〔忠則盡命〕', '수신제가는 치국의 근본이다〔修身齊家, 治國之本〕' 등 초학자들이 이해할 수 없는 이야기를 합니다. 그러고는 『소학』을 본받아 "슬프고 슬프도다, 아이들아. 공손히 이 책을 받으라. 이는 늙은이의 흰소리가 아니라 오직 성인들의 말씀이니라!"라는 주희의 협박성 '당부'로 책을 마칩니다.

한편 박세무가 지은 『동몽선습』은 우리의 역사를 삽입했다는 점에서 독창성이 있고, 율곡 이이가 지은 『격몽요결』에는 그만의 철학과 애민사상이 드러납니다. 다만 두 책 모두 체제든 내용이든 모두 성리학의 범위를 벗어나지 못하였고, 더욱이 『격몽요결』은 아동의 자율성이나 백성들의 지혜와 풍속의 가치를 인정하지 않습니다. 이이는 오직 주희의 『가례(家禮)』를 일상 예법의 근본으로 삼고 나머지는 깡그리 폄하합니다. 결국 과거의 소학류는 오늘날 민주주의 시대의 사고를 함양하는 자양분이 되기에는 턱없이 부족합니다.

우리는 후손들에게 과거보다 나은 시대를 열어 줄 사명을 지니고 오늘을 살고 있습니다. 초학자들은 기성세대의 틀에 맞춰야 할 대상이 아닙니다. 사과나무가 굽었다고, 소나무가 열매가 없다고 어린 그루터기를 잘라야 하겠습니까? 『소학』

은 주희 개인의 소견과 당대의 철학에 아이들을 끼워 맞추려고 기획된 야심작입니다. 일찍이 중국의 대문호 루쉰(魯迅)은 아이들을 강제로 인습에 맞추려는 『소학』의 해악을 간파한 사람이었습니다. 그래서 그는 아예 "구악(舊惡)에 물들지 않은 아이들을 구하자." 말했지요.

인도에는 '어른을 위한 『소학』'인 『마누 법전』이라는 책이 있습니다. 최하층민은 '가르치지도 말고, 접촉하지도 말라'는 끔찍한 차별들로 가득한 이 '전통'을 해체하지 못한 바람에 인도는 지금도 카스트라는 신분제의 굴레를 벗어나지 못하고 있습니다. 인도의 개혁가 암베드카르(Ambedkar)는 잘못된 전통 위에 새 사회를 만드는 것은 "똥 더미 위에 새 집을 짓는 일"이라고 했습니다. 전통이 생명력을 다하면 완전히 새로 구성해야 합니다. 이제 『소학』을 완전히 새로 쓸 시간이 왔습니다.

새 시대의 초학자를 위한 읽을거리

한문은 쇠와 같은 재료입니다. 이 재료를 써서 흉기(凶器)나 이기(利器)로 만드는 것은 우리 몫입니다. 그래서 옛 한문 책에 불합리한 내용이 있더라도 통째로 버릴 수는 없습니다. 그것은 목욕물을 버리면서 아이를 버리는 것과 같은 일이지요. 우리는 훌륭한 것은 이어 가고 버릴 것은 버려서 전통을 재구성할 필요가 있습니다. 그래서 저는 완전히 새로운 책을 쓰기로 마음먹었습니다.

이 책을 쓰면서 두 가지 태도를 견지했습니다. 우선 기존의 어린이용 책에서 보이는 잡다한 예의 규범은 지양했습니다. 초학자용 한문 교재 머리말에는 으레 '서구 문명의 범람으로 미풍양속이 사라졌다'는 이야기들이 나옵니다. 그렇다면 옛날의 동양은 미풍양속이 살아 있는 곳이었고, 오늘날의 서구는 미개한 곳입니까? 놀랍게도 약 1000년 전 『소학』에 이미 "근세 이래로 인정이 더욱 경박해졌다(近世以來, 人情尤爲輕薄)."라는 표현이 나옵니다. 그러나 제가 보기에 예학(禮學)이 흥성한 곳에서 진정한 예절은 오히려 후퇴하는 경향이 있습니다. 멀리 볼 것도 없이, 조선 후기의 예송(禮訟)이란 궁중의 상례를 두고 파벌들이 싸운 사건입니다. 겉으로는 무엇이 정확한 왕가의 상례인가 밝히는 것이 목적이었지만, 실상은 상례를 빌미로 상대 파벌을 무너뜨리고자 하는 정치 투쟁이었지요. 옛날 순자(荀子)는 "예란 분쟁을 없애기 위한 것이다."라 했고, 『예기(禮記)』 「악기(樂記)」에도 "예가 지극하면 싸움이 없어진다." 하여 예의 목적을 밝힙니다. 또한 "지극한 예란 반드시 단순하다〔大禮必簡〕."라고 하면서 복잡한 예의 폐단을 직시했습니다. 그러니 지극히 복잡하여, 싸움을 없애기는커녕 다툼의 실마리만 제공하는 예식은 동방 문화의 정수도 아닐 뿐더러 21세기 현재 생명력을 지닌 예도 아닙니다.

그러나 오늘날 무시무시한 핵무기, 사람이 살 수 없을 정도의 환경 파괴, 엄청난 빈부의 격차, 힘으로 남을 억압하는 제국주의(帝國主義) 등의 씨앗은 서구에서 싹튼 것이 확실합니다. 그래서 서구에서 유래한 사고와 환경을 최선의 것으로 받아들이는 것 또한 전통을 맹목적으로 고수하는 것만큼 위험합니다. 그렇다면 전통 속에서 오늘을 되돌아보는 것이 중요합니다. 이런 또 하나의 문제의식을 가지고 저는 현재에서 과거를 들여다보고, 반대로 과거에서 현재를 다시 돌아보며, 나아가 미래를 상상할 수 있는 내용으로 이 책을 구성했습니다. 구체적인 내용은 다섯 항목으로 나뉩니다.

초학자들이 한문을 통해 세상으로 나가는 것을 돕기 위해 이 책은 사랑〔仁愛〕, 개성(個性), 선행(善行), 배움〔學習〕, 사회적 덕성(德性)이라는 다섯 부분으로 구성되었습니다. 이 다섯 가지에서 수많은 윤리와 사상이 파생될 수 있습니다. 먼저 1부는 존재의 이유로서 사랑을 제시했습니다. 사랑하는 마음은 인간의 본성이라는 명제에서 시작하여 사랑의 출발점을 찾아보고, 사랑이 넘치는 사회를 상상하는 것으로 마무리합니다. 2부에서는 개인의 가치와 자기실현, 즉 개성을 이야기했습니다. 존재하는 것은 모두 가치가 있다는 명제에서 시작하여 초학자들이 자신감을 가지고 정진할 것을 당부하며 마무리합니다. 3부에서는 의무가 아닌 삶의 기쁨으로서 선행을 제시합니다. 선행은 만물이 행복하게 공존하는 기반이라는 명제에서 출발하여 실수를 하더라도 누구든지 뉘우치면 다시 선해진다는 내용으로 마무리합니다. 4부에서는 더 나은 미래를 위한 도약의 기반으로 배움을 이야기합니다. 먼저 부족함을 인정하고, 스승을 찾아 끈기를 가지고 과학적 방법을 동원하여 결국 새로운 것을 찾으라고 당부합니다. 5부에서는 자기 뜻을 펼치고 더불어 행복하기 위한 조건으로 필수적인 사회적 덕성을 제시합니다. 삶의 기쁨인 친구, 선의의 경쟁과 협력, 남에게 관대하기, 모험심, 다른 사람에 대한 고마움 등을 두루 이야기하고, 마지막으로 나를 드러내는 것보다 남을 알아주는 것을 사회생활 최고의 미덕으로 제시합니다.

저는 잡다한 규범이나 위압적인 명령어를 나열하는 대신 고사성어와 상황 묘사를 통해 학생 스스로 생각할 수 있도록 원문을 구성했습니다. 중국의 여러 경전 및 역사책은 물론 우리나라의 한문 서적과 불경에서도 내용을 뽑아서 정리했고, 그러면서도 각 구문의 의미가 자연히 이어져 주제를 드러내도록 만들었습니다. 구절의 글자 수는 되도록 4~5자에 맞추었으나, 때로는 약간 길거나 짧습니다. 『사자소학』처럼 형식을 고집하다 보면 한문의 문법을 벗어나기도 하고 원래의 뜻이 왜곡되는 경향이 있기 때문에 찾은 절충안입니다. 일부 자주 쓰이지 않는 어려운 글자는 교육부 지정 상용 한자로 바꿨습니다. 때로는 문맥을 위해 어조사나 접속사를 바꾸기도 했으며 부득이하게 원전을 수정할 경우가 있었지만, 그때는 기존의 용례를 찾아 문법을 확인했습니다. 그리고 원문에 이어 재미있는 옛이야기들을 함께 곁들여 자연스럽게 글을 익히도록 했습니다. 구절구절에 해설을 붙이지 않은 것은 책이란 학생의 사고력을 키우는 도구일 뿐 학생의 상상력을 구속하는 족쇄가 되어서는 안 된다고 생각했기 때문입니다.

스스로 전통의 기반 위에 서 있으면서 감히 전통의 방향을 돌리려 하니 그저 부끄럽고 두려운 마음뿐입니다. 공자는 "늦게 태어난 사람들을 두려워할지라. 오는 이들이 지금의 우리보다 못할지 어떻게 장담할 수 있는가?(後生可畏, 焉知來者之不如今也?)"라며 젊은이들을 경외했습니다. 다음 세대는 기성세대를 넘어서기 위해

오는지도 모르겠습니다.

　끝으로 고백하자면, 원래 이 책은 아비로서 두 아들 호민(浩岷)과 지우(智愚)의 한문 교육을 위해 쓴 사적인 글이었습니다. 이제 저의 보잘것없는 자식 사랑을 이 땅의 어린이와 부모님들과 공유하고자 이 책을 내놓으니, 그저 겸허히 비판을 기다립니다.

2017년 봄
공원국

차례

1

존재의 이유

사랑

———

愛

이 책의 시작은 사랑입니다. 모든 존재는 오직 사랑에서 생겨나 유지되고 높아지기 때문입니다. 아이는 어버이의 사랑으로 나고, 어버이의 젖으로 생명을 이어, 수많은 사람들의 보살핌으로 사회의 구성원으로 자라납니다. 그리고 다시 똑같은 사랑으로 후대를 키워 내지요. 사랑에서 피어난 존재들은 사랑으로 서로 연결됩니다. 사랑 없이 이 세상에 스스로 오고 홀로 선 존재는 없습니다.

동양에서는 '음양(陰陽)의 이치', '음양의 조화'라는 말을 자주 합니다. 음양은 우주 만물의 움직임을 설명하려는 철학적 개념입니다. 예컨대 땅과 하늘, 달과 해, 여성과 남성 등이 '음'과 '양'으로 구분되지요. 그런데 중국 송나라 때 성리학을 집대성한 주희(朱熹)는 여성적 요소인 음을 악하고 약한 것으로, 남성적 요소인 양을 선하고 강한 것으로 보면서 음이 양을 따르는 것이 하늘의 이치라고 설명했습니다. 그 말대로라면 여성에게 선(善)은 남성을 따르는 것이 됩니다. 하지만 음양의 이치란 일방적으로 음이 양을 따르는 것이 아니라 각기 다른 존재들이 서로 끌리는 욕망입니다. 상대를 다치게 하지 않는 선에서 펼치는 욕망은 모두 사랑입니다.

사랑은 대단히 거창하거나 가 닿기 어려운 경지에 있는 것이 아닙니다. 사랑은 모든 사람이 가진 평범한 욕망입니다. 나의 마음으로 미루어 남의 마음을 헤아리는 것[以我絜之人]이 바로 선한 사랑이지요. 맹자(孟子)는 "내 아이를 사랑하고, 그 마음으로 다른 사람의 아이를 사랑한다[幼吾幼, 以及人之幼]."라고 했습니다. 자식이 귀여우니 아끼고, 내 자식을 귀여워하는 마음으로 남의 자식을 아끼는 것은 모두 자연스러운 사랑이고 선한 욕망입니다. 내 사랑이 넓어져 심지어 동물과 수목까지 미치면 그것이 바로 성인(聖人)에 이르는 길일 테지요.

어린이들은 늘 반짝이는 눈으로 세상을 봅니다. 촘촘한 시선으로 주변을 관찰하다 무언가 마음에 들면 어른보다 훨씬 파고들지요. 아주 사소해 보이는 것에도 온 신경을 쏟곤 합니다. 혹 그런 마음이 모두 원대한 사랑의 씨앗 아닐까요?

사랑은 인간의 본성

人性本善, 今人乍見, 孺子將入於井,
皆有惻隱之心.『맹자』
聖人戒殺, 釣而不網.『논어』

사람의 본성은 원래 착하다. 어떤 사람이 지금 갑자기 어린아이가 우물로 기어
들어가려는 것을 보면, 누구나 안타깝고 불쌍한 마음을 가진다.
그래서 성인(공자)은 죽이는 것을 경계했으니, 낚시를 하되 그물로 고기를 잡지
는 않았다.

桓雄天王, 欲弘益人間, 降於我土,『삼국유사』
商湯王, 以好生之德, 網開三面, 平天下也.『여씨춘추』,『상서』

환웅천왕은 널리 인간을 이롭게 하고자 우리 땅에 내려왔고, 상나라 탕왕은 생
명을 살리는 덕으로 삼면의 그물을 열어서 (중국) 천하를 평정했다.

단군의 홍익인간, 탕왕의 호생지덕

공자(孔子)에 버금가는 성인이라 해서 '아성(亞聖)'이라고도 불리는 맹자는 "사람의 본성은 원래 착하다." 말합니다. 과연 그럴까요? 맹자는 이런 예를 들었습니다.

어린아이가 막 우물로 기어 들어가고 있다. 그 상황을 본 사람이라면 누구나 다 '어쩌나' 걱정하며 달려갈 것이다. 그것이 아이 부모나 친구들에게 칭찬을 받으려고 그런 것일까? 안 구해 줬다고 욕을 먹는 것이 겁나서였을까? 아니다. 그것은 그냥 사람의 본성이다.

어른은 태어날 때의 기억이 없으니 실제로 사람의 본성이 착한지 착하지 않은지 증명하기는 어렵습니다. 사람의 본성이 착하다는 것은 누구나 내버려 둬도 착해진다는 뜻이 아니라, 누구나 착함을 판단할 능력을 가지고 있다는 뜻입니다. 한자로 '사랑 애(愛)'는 '안타까워한다, 아낀다'는 뜻을 지니고 있습니다. 우물로 들어가는 어린아이를 아끼는 마음이 바로 사랑입니다. 아무리 흉악한 도둑이라도 우물에 떨어지려는 어린아이를 무심히 바라보지만은 않을 테지요. 그러니 대부분의 사람은 착하다고 생각해도 틀리지 않을 겁니다.

우리는 건국 신화에서부터 인간 사랑을 내세운 민족입니다. 우리나라는 널리 인간 세계를 이롭게 하려는 목적에서 만들어졌지요. 일연의 『삼국유사(三國遺事)』에 이렇게 기록되어 있습니다.

옛날 하늘 나라의 신 환인의 서자 환웅이 인간 세상을 항상 갈구했다. 아버지 환인이 삼위태백(조선 땅)을 내려다보니 과연 인간 세계는 널리 이롭게 할 만했다(弘益人間). 그래서 아들을 내려보내 인간 세계를 다스리게 했다.

큰일의 시작이 인간 사랑이라 생각한 것은 우리만의 일이 아닙니다. 중국 최초의 국가인 상(商)나라의 창시자 탕(湯)이 어떻게 나라를 세웠는지 한번 살펴볼까요?

전설상의 왕조인 하(夏)나라의 마지막 왕은 걸(桀)이라는 폭군이었습니다. 그의 포학함이 날로 더해서 백성들과 주변 나라들은 더 이상 견딜 수가 없을 지경이었지요. 그래서 사람들은 당시에 명망을 얻고 있던 탕이 걸왕의 폭정을 멈추어 줬으면 하고 바랐습니다.

하루는 탕이 들판으로 나가 보니 어떤 사람이 사방에 짐승 잡는 그물을 넓게 쳐 놓고 기도를 드리고 있었습니다.

"하늘 아래 땅 위에 사방의 모든 짐승들이 내 그물로 들어오게 하소서."

이 모습을 보고 탕이 한탄했습니다.

"아, 저 사람이 세상의 짐승들을 다 잡으려 하는구나."

탕은 삼면의 그물을 트고 한쪽만 막은 후 다시 기도했습니다.

"왼쪽으로 가고 싶으면 왼쪽으로 가고, 오른쪽으로 가고 싶으면 오른쪽으로 가거라. 그 말을 듣지 않는 짐승들만 그물에 와서 걸려라."

탕은 그렇게 잡은 짐승들만 거뒀습니다.

여러 부족의 수장들이 그 이야기를 듣고 탄복했습니다.

"탕의 덕은 정말 지극하구나. 짐승들에게까지 미치다니."

이리하여 포학한 걸왕을 떠나 탕의 밑으로 사람들이 구름처럼 밀려들었습니다. 짐승도 몰살시키지 않는 사람이니 사람을 사랑하는 것은 당연하다고 생각했지요. 탕 아래로 모인 사람들이 고립무원(孤立無援)의 걸을 정벌하는 것은 바람을 탄 불길이 갈대는 태우는 것처럼 쉬웠습니다.

공자도 살아 있는 생명을 죽이는 걸 좋아하지 않았습니다. 본문에 나오는 성인은 공자입니다. 공자는 낚시로 물고기를 잡았지만 그물을 쓰지는 않았다고 합니다. 낚시든 그물이든 살아 있는 물고기를 잡는 건 똑같지 않나 하는 생각이 들 수도 있습니다. 그런데 공자가 낚시는 하되 그물질은 하지 않았다는 말은 현실적인 의미가 있습니다. 옛날에 물고기는 가난한 사람들의 중요한 식량이었습니다. 공자도 떠돌아다니며 고생하는 처지였지만 생활을 유지할 수 있는 최소한의 물고기만 어쩔 수 없이 잡았던 것이지요.

되새기기

人	性	本	善		今	人	乍	見
사람 인	성품 성	근본 본	착할 선		이제 금	사람 인	잠깐 사	볼 견

孺	子	將	入	於	井			
젖먹이 유	아들 자	장차 장	들 입	어조사 어	우물 정			

皆	有	惻	隱	之	心			
다 개	있을 유	슬퍼할 측	숨길 은 (근심할 은)	갈 지	마음 심			

聖	人	戒	殺		釣	而	不	網
성스러울 성	사람 인	경계할 계	죽일 살		낚시 조	말 이을 이	아닐 불	그물 망

桓	雄	天	王					
푯말 환	수컷 웅	하늘 천	임금 왕					

欲	弘	益	人	間				
하고자할 욕	넓을 홍	더할 익	사람 인	사이 간				

降	於	我	土					
내릴 강	어조사 어	나 아	흙 토					

商	湯	王						
장사 상 (나라 이름 상)	끓일 탕	임금 왕						

以	好	生	之	德				
써 이	좋을 호	날 생	갈 지	덕 덕				

網	開	三	面		平	天	下	也
그물 망	열 개	석 삼	낯 면		평평할 평	하늘 천	아래 하	어조사 야

사랑의 바탕은 진실함과 헤아림

孔子曰, "吾道一以貫之". 曾子曰, "夫子之道,
忠恕而已矣".
"己所不欲, 勿施於人", 是謂推己及人.『논어』
眾生皆懼死, 莫不畏杖痛.『법구경』

공자가 "나의 도는 하나로 (모두를) 꿰는 것이다."라고 말했다. 이에 증자가 말
하길 "선생님의 도는 진실한 마음〔忠〕과 미루어 헤아리는 마음〔恕〕일 뿐이다."
라고 하였다.
"자기가 하기 싫은 것을 남에게 시키지 말라."라고 한 것은 바로 자신의 마음으
로 미루어 남의 마음을 헤아리는 것을 말한다.
모든 살아 있는 것들은 죽음을 무서워하고 매 맞아 아픈 것을 겁내지 않는 이가
없다.

나의 마음으로 너의 마음을: 공자의 일이관지

일이관지(一以貫之) 즉 '하나로 꿴다'는 말은 공자의 언행을 기록한『논어(論語)』에 나오는 유명한 문장입니다. 어느 날 공자가 제자 증삼(曾參, 증자)에게 말을 건넸습니다.

"삼아, 내 도는 복잡한 것이 아니다. 그냥 하나로 모두 꿸 수 있다."

그러자 증삼이 맞장구를 쳤습니다.

"네, 맞습니다."

공자가 나가자 사람들이 증삼의 주위로 모여들어 물었습니다.

"선생님과 무슨 말씀을 나눈 것인지 알 수 없습니다. 선생님이 말씀하신 도란 무슨 뜻인가요?"

그때 증자가 대답했지요.

"우리 선생님의 도란 진실한 마음과 미루어 헤아리는 마음 둘뿐입니다."

고대의 사전인『설문해자(說文解字)』에는 '충(忠)'의 의미가 "공경하는 것이다. 마음을 다하는 것을 충이라 한다."라고 해석되어 있습니다. 충은 '가운데〔中〕'와 '마음〔心〕'이 합쳐진 글자로, '마음의 한가운데' 즉 진실한 마음을 뜻합니다. 이 진실함이 바로 공자가 말하는 모든 윤리의 기본입니다. 그러면 '서(恕)'는 무슨 뜻일까요? 역시『설문해자』에는 "어진(착한) 것이다."로 풀이되어 있습니다. 서 자는 '같다〔如〕'와 '마음〔心〕'으로 구성되어 있습니다. 그러니 나의 마음과 너의 마음이 같다, 나의 마음으로 너의 마음을 미루어 짐작한다는 뜻입니다. 아주 오래된 청동기에 새겨진 명문(銘文)에는 서 자가 '여자〔女〕'와 '마음〔心〕'이 합쳐진 글자로 나옵니다. 그러므로 서(恕)란 원래 여자의 마음, 어머니가 자식들을 대하듯이 남을 불쌍히 여겨서 함부로 하지 않는 마음, 남의 잘못을 잘 용서하는 마음입니다. 이제 충서의 의미는 밝혀졌습니다. '진실한 마음으로 남을 대하리라. 나의 마음과 너의 마음은 같다. 내 마음으로 미루어서 너의 마음을 헤아린다. 서로 아끼고 용

서하며 살자.'

공자는 자기가 하기 싫은 일을 남에게 시키지 않는 것이 바로 충서의 마음을 실천하는 것이라고 여겼습니다. 그저 자신의 자연스러운 감정을 살피는 것에서 사랑이 시작되니 얼마나 쉽습니까? 사랑의 마음을 품기만 하면 모든 행동과 사고가 저절로 따라오니, '일이관지'라 한 것입니다.

공자의 말씀은 불교의 근본 교리와도 통합니다. 부처님의 육성을 기록한 것으로 전하는 초기 경전인 『법구경(法句經)』에는 '죽이고 때리지 않는 것'을 가장 높은 사랑으로 보았습니다. 내가 맞거나 죽는 것을 싫어하니 남에게도 그렇게 하지 말라는 것입니다.

되새기기

孔	子	曰						
구멍 공	아들 자	가로 왈						

吾	道	一	以	貫	之			
나 오	길 도	한 일	써 이	꿸 관	갈 지 (그 지)			

曾	子	曰		夫	子	之	道	
일찍 증	아들 자	가로 왈		지아비 부	아들 자	갈 지	길 도	

忠	恕	而	已	矣				
충성 충	용서할 서	말 이을 이	이미 이	어조사 의				

己	所	不	欲		勿	施	於	人
자기 기	바 소	아닐 불	하고자 할 욕		말 물	베풀 시	어조사 어	사람 인

是	謂	推	己	及	人			
옳을 시	이를 위	밀 추	자기 기	미칠 급	사람 인			

衆	生	皆	懼	死				
무리 중	날 생	다 개	두려워할 구	죽을 사				

莫	不	畏	杖	痛				
없을 막	아닐 불	두려워할 외	지팡이 장	아플 통				

03

생명 사랑은 사람에서부터

好生始於愛人.

馬廐焚, 孔子問人不問馬.『논어』

"君子不以畜害人." 『사기』

尹淮少時, 被疑竊珠, 忍辱而待, 覓珠完鵝.『연려실기술』

생명 사랑은 사람 사랑에서 시작한다.

(어느 날) 마구간에 불이 났다. 공자는 사람이 다쳤는지만 묻고 말에 대해서는 묻지 않았다.

(진나라 목공이 말했다.) "군자는 짐승 때문에 사람을 해치지 않는다."

윤회가 젊을 때 진주를 훔쳤다고 의심받은 적이 있었다. (윤회는 거위가 진주를 삼킨 것을 알고 있었지만) 굴욕을 참고 버텨서, (거위가 똥을 눠서 진주가 나오자) 진주도 찾고 거위도 살릴 수 있었다.

진 목공과 윤회의 사람을 아끼는 마음

몇 해 전 인도의 신문에 난 내용입니다. 어떤 사람이 공원에 개를 데리고 나왔는데 '손도 댈 수 없다'는 불가촉천민(不可觸賤民)이 개에게 먹이를 줬습니다. 그러자 개 주인은 개가 더럽혀졌다면서 그 불쌍한 사람을 고발하고 엄청난 돈을 요구했다고 합니다. 인도는 여전히 카스트란 차별적 인습이 남아 있는 나라입니다. 최고 계급인 브라만(사제(司祭)) 아래 세 집단이 있고, 불가촉천민은 최하 집단에도 들지 못하는 계급 밖으로 내쳐진 사람들입니다. 사람을 개보다 더 천하게 여기면서 과연 사람을 사랑할 수 있을까요?

공자는 마구간에 불이 났을 때 "사람이 다쳤느냐?"라고만 물었지요. 오늘날에는 사람의 안부를 우선하는 것이 당연하게 보이지만 당시의 상황에서는 남다른 의미가 있습니다. 옛날에는 말 한 마리가 보통 백성 한 사람보다 더 귀한 존재였습니다. 말을 죽이면 목숨을 내놓아야 하던 시절입니다. 그러니 화재의 책임자를 찾아서 문책하는 것이 당연했지요. 그럼에도 공자는 사람이 다치지 않았으니 모든 것이 잘된 것이라고 말합니다. 그러곤 말에 대해서는 묻지도 않지요.

이제 중국 춘추 시대(春秋時代) 진(秦)나라의 뛰어난 임금 목공(穆公)의 일화를 살펴볼까요? 『여씨춘추(呂氏春秋)』, 『사기(史記)』 등의 책에 목공의 이야기가 실려 있습니다.

목공이 아마 사냥을 하고 있었던 모양입니다. 그는 열심히 사냥에 몰두하다 그만 자신의 좋은 말을 잃어버렸습니다. 아무리 찾고 찾아도 보이지 않았습니다. 그러다 마침내 기산이라는 산 아래에서 야인(野人)들이 와글와글 모여 무언가를 잡아 구워 먹으려는 것을 발견했는데, 그게 바로 잃어버린 말이었습니다. 야인이란 나라의 통제가 잘 미치지 않는 들판에서 사는 사람들입니다. 이 광경을 보고 아연실색한 정부의 관리는 당장 이들에게 벌을 내리려고 나섰습니다. 이들은 무려 임금의 말을 죽였으니 사형을 당할 수도 있는 처지였지요. 그러나 목공은 관리를 말렸습니다.

"군자는 짐승 때문에 사람을 해치지 않는다. 내가 듣기로 좋은 말을 먹고 술을 먹지 않으면 오히려 사람의 몸이 상한다고 하더라."

이렇게 말하고는 도리어 그들에게 술을 하사하고 모두 용서해 주었습니다.

얼마 후 목공은 이웃한 진(晉)나라와 큰 싸움을 벌이게 되었습니다. 목공은 용감했지만 그 싸움에서는 그만 적군에게 포위되고 말았습니다. 빗발치는 돌에 맞아서 갑옷이 다 찢어지고 수레는 부숴지고 말도 무릎을 꿇었을 때 적장이 창을 들고 다가왔습니다. 그 순간 놀라운 일이 벌어졌습니다. 어떤 한 무리의 장정들이 수레를 둘러싸고 결사적으로 적을 제지하는데, 적장도 감히 가까이 다가오지 못할 정도로 용맹했습니다. 요행히 이들 덕분에 포위를 벗어날 수 있었지요. 목공이 물었습니다.

"그대들은 누구기에 이리도 용맹한가?"

그 사람들은 한편으로 싸우면서 소리쳤습니다.

"소인들은 기산 아래서 말을 잡아먹은 야인들입니다."

역사책은 목공이 "장사들을 사랑했다(愛士)."라고 기록해 놓았습니다. 그래서 한때는 변방의 작은 나라였던 진(秦)이 목공 시절에 커져서, 몇 대 후에는 중국 최초의 통일 왕조가 됩니다.

사랑은 내 마음에서 남의 마음으로, 가까운 곳에서 먼 곳으로 퍼지는 것입니다. 사람에게 가까운 것은 사람이니 먼저 사람을 아껴야겠지요.

그러나 사람을 사랑하는 이라면 동물도 사랑할 수 있을 겁니다. 『고려사』와 『세종실록 지리지』 편찬에 참여했던 조선 전기의 뛰어난 선비인 윤회(尹淮)가 바로 그런 사람입니다.

윤회가 젊었을 때 시골로 갈 일이 있었습니다. 가던 중 날이 저물어서 여관에 들어갔지요. 마침 뜰에서 주인의 아들이 구슬을 들고 놀다가 떨어뜨렸는데, 하얀 거위가 와서 냉큼 삼켰습니다. 얼마 후 주인이 와서 구슬을 찾았지만 도무지 찾을

길이 없었습니다. 그러자 주인은 바로 방금 들어온 윤회가 구슬을 훔쳐 간 것으로 의심하고는 그를 묶었습니다. 그러고는 날이 밝으면 관아로 끌고 가서 자초지종을 밝히겠다고 엄포를 놓았지요. 윤회는 변명도 하지 않고 담담히 말했습니다.

"그저 한 가지 부탁이 있습니다. 저 거위도 제 옆에 묶어 주시겠습니까?"

주인은 윤회가 이상한 사람이라고 생각하면서도 그 부탁을 들어주었습니다. 그래서 윤회와 거위는 묶여서 하룻밤을 같이 지냈습니다. 이튿날 거위가 똥을 눴지요. 물론 그 똥 안에는 구슬이 있었습니다. 주인은 그제야 황송해서 사과를 하면서 물었습니다.

"왜 어제 거위가 삼켰다고 말씀하시지 않으셨습니까?"

그러자 윤회가 대답했습니다.

"어제 제가 말씀을 드렸다면 주인께서는 기어이 거위의 배를 갈라 진주를 찾으셨겠지요. 그래서 참고 하룻밤 기다린 것입니다."

주인은 부끄러워 어쩔 줄 몰랐겠지요. 물론 크게 깨달을 수밖에 없었고요. 이래서 구슬도 찾고 거위도 온전히 보전했다는 멱주완아(覓珠完鵝)라는 고사가 생겼던 것입니다.

달리 보면 윤회는 거위의 목숨도 아꼈지만 사실은 사람을 더 사랑한 것입니다. 보통 사람이라면 여관 주인을 괘씸하게 생각하며 당장 거위의 배를 가르고 관아에 고발했겠지요. 관아에 갔다면 그 주인은 분명 무고죄로 처벌을 받지 않았을까요?

불가촉천민을 고발했던 그 인도 사람도 공자와 목공, 윤회의 이야기를 되새겨 보았으면 하네요.

되새기기

好	生	始	於	愛	人			
좋을 호	날 생	처음 시	어조사 어	사랑 애	사람 인			

馬	廐	焚						
말 마	마구간 구	불사를 분						

孔	子	問	人	不	問	馬		
구멍 공	아들 자	물을 문	사람 인	아닐 불	물을 문	말 마		

君	子	不	以	畜	害	人		
임금 군	아들 자	아닐 불	써 이	짐승 축	해할 해	사람 인		

尹	淮	少	時		被	疑	竊	珠
성씨 윤	물 이름 회	적을 소	때 시		입을 피	의심할 의	훔칠 절	구슬 주

忍	辱	而	待		覓	珠	完	鵝
참을 인	욕될 욕	말 이을 이	기다릴 대		찾을 멱	구슬 주	완전할 완	거위 아

04

인간 사랑은 부모의 사랑으로부터

近悅遠來, 愛人始於孝道. 『논어』, 자작

無源之水, 無本之木, 未曾有也. 『좌전』

父生我身, 母育我身, 腹以懷我, 乳以哺我. 『사자소학』

猿母失其子, 腸皆寸寸斷. 『세설신어』

子夏喪其子, 而喪其明. 『예기』

가까운 이들을 기쁘게 하면 멀리서도 사람들이 찾아오는 법이니, 사람을 아끼는 마음은 (가장 가까운 부모를 사랑하는) 효도에서 시작된다.

원천 없는 물줄기와 뿌리 없는 나무는 고래로 한 번도 없었다. 아버지 나를 낳으시고 어머니 나를 기르시니, 배로 품어 주시고 젖으로 배를 불려 주셨다.

원숭이 어미는 새끼를 잃자 (슬퍼서) 창자가 마디마디 끊어졌다. 자하는 아들을 잃고 (너무 슬퍼 울다) 그만 실명하고 말았다.

자식을 잃은 어버이의 슬픔: 어미 원숭이와 자하

사랑이란 가까운 곳에서 시작하여 멀리 퍼져 나간다고 했습니다. 사람이 태어나면서 처음으로 접하는 이는 어머니, 아버지입니다. 어버이에게서 받은 첫 사랑이 그 사람이 살아갈 삶의 온도를 좌우한다고 해도 과언이 아닐 겁니다.

사람들은 흔히 부모가 되면서 새 삶을 산다고 이야기합니다. 아이를 기르면서 사랑의 의미를 깨닫게 된다는 말이겠지요. 최근의 과학적 연구에 의해, 어린 시절에 사랑을 많이 받은 사람들이 남을 더 잘 이해한다는 사실이 계속 밝혀지고 있습니다. 또 아버지의 사랑을 받은 아이는 폭력성이 명백히 줄어든다고도 합니다.

심지어 짐승도 부모의 사랑은 사람과 다를 바가 없는 듯합니다. 본문에 나오는 어미 원숭이의 이야기는 송나라 때 유의경(劉義慶)이 모은 일화집인 『세설신어(世說新語)』에 실려 있습니다. 어려운 글자가 없으니 함께 익혀 볼까요?

昔者, 桓公入蜀, 至三峽中, 部中有人得猿子,
석자 환공입촉 지삼협중 부중유인득원자

其母緣岸哀號, 行百余里不去, 遂跳上船,
기모연안애호 행백여리불거 수도상선

至便卽絶, 破視其腹中, 腸皆寸寸斷.
지변즉절 파시기복중 장개촌촌단

옛날, 환공이 (군대를 끌고 전쟁을 하러) 촉 땅으로 들어가다가 삼협이라는 협곡을 지나게 되었다. 그때 부대 안의 어떤 이가 원숭이의 새끼를 잡았다. 어미 원숭이가 가지 않고 강가를 따라 100리가 넘게 쫓아오며 애달프게 울부짖다가, 마침내 배 위로 뛰어오르더니 바로 죽고 말았다. 사람들이 그 배를 갈라 보니 내장이 모두 마디마디 끊어져 있었다.

원숭이 어미가 새끼 잃은 슬픔을 이기지 못해 창자가 마디마디 끊어지고 말았다는 이야기입니다. 여기에서 '단장(斷腸)'이라는 말이 생겨났지요. 이야기에 등장하는 환공은 중국 동진(東晉) 시대의 장군 환온(桓溫)입니다. 그는 이 원숭이 어미를 위해 새끼를 잡은 병사에게 벌을 주었다고 합니다.

한편 자하(子夏)가 자식을 잃고 너무 울어서 눈이 멀었다는 이야기는 고대의 예의에 관한 책인 『예기(禮記)』에 나옵니다. 자하는 공자의 제자로 『논어』에도 여러 차례 등장하는데 항상 배움에 목마른 사람이었다고 합니다. 그는 공자가 죽은 후에 본국으로 돌아가 수많은 제자를 길렀습니다. 그런 중 자식을 먼저 떠나보내고 슬퍼하다가 눈이 멀고 말았지요. 조문을 온 증자(증삼)가 실명한 자하를 보고 위로했습니다.

"친구가 실명을 하면 와서 소리 내어 울어야 한다고 하오."

자하도 서러워 울며 대답했습니다.

"하늘이시여. 제가 무슨 죄가 있단 말입니까?"

그러자 증자가 화를 내면서 꾸짖었습니다.

"그대가 어떻게 죄가 없다고 할 수 있는가? 그대의 부모께서 돌아가셨을 때 백성들 중에 그 소식을 들은 사람이 없다. 이것이 그대의 죄다. 그런데 이제 자식을 잃으니 (부모가 주신) 눈을 잃었다. 이것 또한 그대의 죄다. 그대가 어찌 죄가 없다고 하겠는가?"

자하는 이 말을 듣고는 절을 하고 연신 "제가 너무 심했습니다. 제가 너무 심했습니다." 하며 사죄했다고 합니다.

증자가 자하에게 던진 질문의 의미는 이러합니다.

'어버이께서 돌아가실 때는 남들에게 알리지도 않더니 자식을 잃으니 눈까지 버리는가? 자기 자식을 사랑한다면서 어버이가 주신 몸을 상하면 자네의 어버이는 어떻겠는가? 이제야 어버이의 사랑을 이해하겠는가?'

자하는 공자의 10대 제자로 손꼽히는 사람이고 항상 효도를 생각했습니다. 그런 사람도 자식에 대한 사랑은 어버이에 대한 사랑보다 컸던 것입니다. 어버이의 사랑이 얼마나 큰지 이해할 수 있겠지요?

되새기기

近	悅	遠	來					
가까울 근	기쁠 열	멀 원	올 래					

愛	人	始	於	孝	道			
사랑 애	사람 인	처음 시	어조사 어	효도 효	길 도			

無	源	之	水		無	本	之	木
없을 무	근원 원	갈 지	물 수		없을 무	근본 본	갈 지	나무 목

未	曾	有	也					
아닐 미	일찍 증	있을 유	어조사 야					

父	生	我	身		母	育	我	身
아버지 부	날 생	나 아	몸 신		어머니 모	기를 육	나 아	몸 신

腹	以	懷	我		乳	以	哺	我
배 복	써 이	품을 회	나 아		젖 유	써 이	먹일 포	나 아

猿	母	失	其	子				
원숭이 원	어머니 모	잃을 실	그 기	아들 자				

腸	皆	寸	寸	斷				
창자 장	다 개	마디 촌	마디 촌	끊을 단				

子	夏	喪	其	子				
아들 자	여름 하	잃을 상	그 기	아들 자				

而	喪	其	明					
말 이을 이	잃을 상	그 기	밝을 명					

05

가까운 데서 시작하는 사랑

慈烏初生, 母哺六十日, 子長則反哺六十日. 『본초강목』
樹欲靜而風不止, 子欲養而親不待. 『한시외전』

까마귀가 처음 태어나면 어미 새가 60일 동안 먹이를 주고, 새끼가 크면 다시
어미에게 60일 동안 먹이를 물어다 준다.
나무는 고요하고자 하나 바람이 그치지 않고, 자식은 봉양하고자 하나 (나이 드
신) 어버이가 기다려 주지 않는다.

孝不難矣, 食菽飮水, 盡其歡, 斯之爲孝. 『예기』
孝不易矣, 孝子終治命, 不從亂命. 『좌전』

효도란 어렵지 않다. 콩밥에 냉수로 부모를 모시더라도 진심을 다해 기쁘게 해
드리면, 이것이 효도다.
효도란 쉽지 않다. (진정한) 효자란 어버이의 바른 명령을 따르지만, 바르지 못
한 명령은 따르지 않는다.

아버지의 명을 어겨서 효도를 실천한 위과

인간에 대한 사랑을 부모의 사랑에서 처음 배운다면 사랑의 실천은 부모님께 드리는 사랑으로 시작해 보는 건 어떨까요. 어버이의 사랑을 통해 처음으로 인간을 사랑하는 마음을 배우니, 어버이를 모시는 것부터 인간 사랑을 실천하는 것이 순리겠지요. 그런데 앞에서 증자는 자식을 아무리 사랑해도 자기 눈을 상해서는 안 된다 했지요? 어버이 사랑에도 길이 있을까요?

사람마다 효도를 다르게 이야기합니다. 공자는 부모님이 가신 방향을 3년 동안 고치지 않는 것이 효도라고 했지만, 동시에 부모의 말씀을 그대로 따르기만 하는 것은 효도가 아니라고 했습니다. 『동몽선습』에는 부모가 자식에게 잘하지 못해도 자식은 한결같이 부모를 섬겨야 한다고 쓰여 있습니다. 그럼 진정한 효도란 무엇일까요?

중국 전국 시대(戰國時代)의 탁월한 학자 순자(荀子)가 해석한 효도를 한번 살펴보겠습니다. 순자는 효도에도 기준이 있는데, 바로 의(義)라고 합니다. 의리(義理) 등의 말에서 알 수 있듯이 의는 마땅히 지켜야 할 도덕규범을 뜻합니다. 순자는 이렇게 말했습니다.

入孝出弟, 人之小行也, …… 從道不從君,
입 효 출 제　인 지 소 행 야　　　　　종 도 부 종 군

從義不從父, 人之大行也.
종 의 부 종 부　인 지 대 행 야

집에 들어와서 효도하고 밖에 나가서 어른을 공경하는 것은 사람이 갖춰야 할 소소한 행동이다. 임금을 따르는 것이 아니라 도리를 따르고 아버지를 따르는 것이 아니라 의를 따르는 것, 이것이야말로 사람이 갖춰야 할 커다란 행동이다.

흔히 경전에서 읽은 효도와는 좀 다르죠? 어버이의 말씀이나 행동이 의에 어긋나면 따르지 않는 것이 오히려 효라는 말이니까요. 이제 두 이야기를 함께 읽으며 효도의 참뜻에 대해 생각해 보려 합니다. 먼저 아버지의 명을 따르지 않은 아들의 이야기입니다.

춘추 시대 진(晉)나라에 위주(魏犨)라는 맹장이 살았습니다. 그는 늘그막에 젊은 여인을 첩으로 얻었는데, 그 여인을 너무나 아껴서 자신이 죽으면 꼭 좋은 자리에 시집보내라고 아들들에게 당부했습니다. 그러나 막상 죽음에 임박해서는 그 여인을 같이 묻어 달라고 유언을 남겼습니다. 죽어서도 함께하고 싶었던 것이지요. 고대 중국에는 순장(殉葬)이라는 무서운 제도가 있어서 신분이 높은 사람이 죽으면 그의 시종이나 첩도 무덤으로 데려가는 일이 흔했습니다. 위주가 죽자 자식들은 아버지의 유언을 따르려 했지요. 그러나 아들 위과(魏顆)는 이렇게 말했습니다.

"병이 들면 정신이 혼미해집니다. 나는 아버지께서 정신이 맑았을 때 내리신 분부를 받들겠습니다."

그러고는 그 여인을 함께 묻지 않고, 좋은 혼처를 찾아 재가시켰습니다.

만약 위과가 아버지의 명령을 따랐다면 새어머니를 해칠 수밖에 없었겠지요. 순장이란 공자가 이미 극도로 혐오한 반인륜적 악습입니다. 돌아가신 아버지가 반인륜적인 악행을 행하도록 따르는 것이 효이겠습니까? 이야기를 듣고 사람들은 모두 위과를 칭찬했습니다. 그리하여 위과는 유언을 듣지 않아서 오히려 아버지에게 악명을 주지 않고 순장이라는 악습도 타파했습니다.

순자는 그것이 바로 효도라고 생각했습니다. "아버지의 말씀을 따르지 않는 것이 아버지 자신에게 영예가 되고 따르는 것이 오히려 아버지에게 욕이 될 때, 아버지의 말씀을 따르지 않는 것이 의로운 것이다."

또 하나의 유명한 이야기는 어머니를 봉양하고자 자신의 자식을 묻으려 한 어떤 부모의 이야기입니다. 중국에서 『이십사효도(二十四孝圖)』라는 그림책에 실려 유명해졌고, 우리나라에서도 『효행록(孝行錄)』과 『삼강행실도(三綱行實圖)』에 실려 크게 유행했지요.

옛날 진(晉)나라에 곽거(郭巨)라는 사람이 살고 있었습니다. 아버지를 여의고 동생들에게 재산을 나누어 주자 그는 가진 것이 별로 없었습니다. 그는 홀로 된 어머니를 모시고 가난하게 살았는데 매일매일 끼니를 걱정할 지경이었습니다. 그런데 갓난아기가 생기자 아기를 돌보느라 일을 많이 못하게 되고, 또 아이가 좀 크니 할머니의 밥을 계속 받아먹었습니다. 손자를 아낀 할머니는 매번 아이에게 밥을 주고 점점 여위어 갔지요. 그러던 어느 날 곽거는 아내를 불러 의논했습니다.

"아이는 다시 가질 수 있지만 어머니는 돌아가시면 다시 살아 올 수 없습니다. 아이를 묻고 양식을 절약해서 어머니를 공양하는 것이 낫겠습니다."

아내도 곽거의 의견에 동의해서 둘은 아이를 업고 산으로 갔습니다. 무거운 마음으로 마지못해 땅을 파는데 땅에서 황금으로 된 커다란 항아리가 나타났습니다. 항아리 위에는 이렇게 쓰여 있었습니다.

"하늘이 곽거에게 주는 선물이다."

항아리 안에도 황금이 가득 들어 있었습니다. 그래서 곽거는 아이를 묻지 않고 돌아와 어머니를 잘 봉양했다고 합니다.

중국의 대문호 루쉰은 이 이야기를 읽고 이렇게 풍자했습니다.

"나는 감히 다시는 효자가 되겠다는 생각을 하지 않았을 뿐 아니라, 우리 아버지가 효자가 될까 봐 두려웠다."

손자가 귀해서 자기 밥도 양보하는 할머니가 손자의 죽음을 알고 과연 기뻐할까요?

효도의 진정한 의미에 대해 다시 생각해 봅니다. 『예기』에 "콩밥에 냉수로 부모를 모시더라도 진심을 다해 기쁘게 해 드리면, 이것이 효도다."라고 한 것은 효도는 빈부와 상관없이 누구나 행할 수 있는 기쁜 일이라는 뜻일 겁니다. 그리고 위과가 "바른 명령을 따르고, 바르지 못한 명령은 따르지 않겠다〔終治命, 不從亂命〕."
라고 한 것은 효도가 무조건 부모를 따르고 받드는 것만이 아님을 보여 줍니다.
부모님의 말씀이라고 해서 잘못된 것까지 그대로 따르고 도리에 벗어나는 방법으
로 부모님을 받든다면 도리어 불효를 저지르게 되는 것이지요. 진정한 사랑, 진정
한 효도를 행하기란 쉽기도, 쉽지 않기도 합니다.

되새기기

慈	烏	初	生					
자상할 자	까마귀 오	처음 초	날 생					

母	哺	六	十	日				
어머니 모	먹일 포	여섯 육	열 십	날 일				

子	長	則	反	哺	六	十	日	
아들 자	길 장	곧 즉	돌이킬 반	먹일 포	여섯 육	열 십	날 일	

樹	欲	靜	而	風	不	止		
나무 수	하고자할 욕	고요할 정	말 이을 이	바람 풍	아닐 부	그칠 지		

子	欲	養	而	親	不	待		
아들 자	하고자할 욕	기를 양	말 이을 이	친할 친	아닐 부	기다릴 대		

孝	不	難	矣		食	菽	飲	水
효도 효	아닐 불	어려울 난	어조사 의		먹을 식	콩 숙	마실 음	물 수

盡	其	歡		斯	之	爲	孝	
다할 진	그 기	기쁠 환		이 사	갈 지	할 위	효도 효	

孝	不	易	矣					
효도 효	아닐 불	쉬울 이	어조사 의					

孝	子	終	治	命				
효도 효	아들 자	마칠 종	다스릴 치	목숨 명				

不	從	亂	命					
아닐 부	좇을 종	어지러울 난	목숨 명					

06

모두가 어울려 사랑하는 세상

"大道之行也, 人不獨親其親, 不獨子其子,
孤獨廢疾者, 皆有所養, 是謂大同." 『예기』

(공자는 이렇게 말했다.)

"큰 도가 이루어지면, 사람들은 단지 자기 어버이만을 어버이로 섬기지 않고
(온 어른들을 어버이로 섬기며) 자기 자식만을 자식으로 사랑하지 않고 (온 어린
이들을 자식으로 사랑하며) 고아, 독거 노인, 장애인, 병자 들도 모두 보살핌을
받게 될 것이니, 이를 일러 크게 하나 된 사회라고 한다."

차별 없이 사랑하는 묵자의 겸애

본문은 『예기』에 나오는 구절로, 공자가 이상향으로 내세운 대동(大同) 세상을 묘사한 것입니다. 공자의 대동처럼 모두가 서로 어울려 사랑하는 세상에 대해 깊이 연구한 또 한 사람인 전국 시대의 사상가 묵자(墨子)는 '겸애(兼愛)'라는 단어로 자기의 생각을 정리했습니다. '겸'은 차별 없이 받아들인다는 뜻입니다. 그래서 겸애란 남과 나, 남과 남 사이의 차별 없이 두루두루 사랑한다는 의미를 담고 있습니다. 심화 학습을 한번 해 볼까요.

視人之國, 若視其國, 視人之家, 若視其家,
시 인 지 국   약 시 기 국   시 인 지 가   약 시 기 가

視人之身, 若視其身. 是故諸侯相愛,
시 인 지 신   약 시 기 신   시 고 제 후 상 애

則不野戰, 家主相愛, 則不相簒, 人與人相愛,
즉 불 야 전   가 주 상 애   즉 불 상 찬   인 여 인 상 애

則不相賊, 君臣相愛, 則惠忠, 父子相愛,
즉 불 상 적   군 신 상 애   즉 혜 충   부 자 상 애

則慈孝, 兄弟相愛, 則和調. 天下之人皆相愛,
즉 자 효   형 제 상 애   즉 화 조   천 하 지 인 개 상 애

强不執弱, 衆不劫寡, 富不侮貧, 貴不敖賤,
강 부 집 약   중 불 겁 과   부 불 모 빈   귀 불 오 천

詐不欺愚. 『묵자』「겸애」
사 불 기 우

(서로 차별 없이 사랑하면) 남의 나라를 자기 나라처럼 여기고, 남의 집을 자기 집처럼 여기고, 남의 몸을 자기 몸처럼 여긴다. 그러니 제후들이 서로 사랑하면 들판에서 싸우지 않고, 가문의 어른들이 서로 사랑하면 가문끼리 서로 빼

앗지 않으며, 사람들끼리 서로 사랑하면 서로 해치지 않는다. 임금과 신하가 서로 사랑하면 임금은 베풀고 신하는 충성한다. 아버지와 아들이 서로 사랑하면 아버지는 자애롭고 아들은 효도한다. 형제가 서로 사랑하면 화목하다. 온 세상 사람들이 서로 사랑하면 강한 자가 약한 자를 위협하지 않고, 다수가 소수를 겁주지 않고, 부자가 빈자를 업신여기지 않고, 높은 사람이 낮은 사람에게 교만하게 굴지 않고, 영리한 사람이 우둔한 사람을 속이지 않는다.

모두 단순한 대구로 되어 있기 때문에 익히기 쉽습니다. 여기서 '인(人)'은 남, '기(其)'는 자기를 뜻합니다. "자기가 하기 싫은 것을 남에게 시키지 마라[其所不欲, 勿施於人]."에서 배웠지요. 그리고 제후란 전국 시대 중국에 작게 쪼개져 있던 여러 나라들의 임금을 말합니다. '찬(簒)'은 찬탈(簒奪)과 같은 단어에서 보이듯이 '뺏는다'는 뜻이고요.

묵자는 서로 사랑하면 따로 규칙을 정할 필요도 없이 싸움은 자연스럽게 사라질 것이라고 말합니다. 과연 그런 세상을 만들 수 있을까요? 맹자도 말했듯 누구나 지닌 선한 욕망이 사랑이라면, 내 마음속에 있는 이 평범한 욕망을 어린아이처럼 사심 없이 펼치는 것이 그 시작이 될 수도 있지 않을까 합니다. 당나라 때의 유명한 시인 도연명(陶淵明)은 이상향 도화원(桃花源)을 '어린아이부터 백발 노인까지 함께 여유롭게 사는 소박한 세상'으로 묘사했습니다. 우리도 나름대로의 이상향을 그려 볼 수 있겠지요.

그리고 여기서 꼭 짚어 보아야 할 것이 있습니다. 이단(異端)이란 정말 얼마나 무서운 말인지요. 분명 묵자의 겸애 사상과 유학자들의 '가까운 곳에서 시작하여 먼 곳까지 미친다'는 사상은 서로 통하는 부분이 있습니다. 그럼에도 맹자는 묵자의 학문을 이단이라 했지요. 그래도 6세기에 만들어진 『천자문』에는 『묵자』의 「소염(所染)」 편이 실려 있었습니다. 그러나 후대 성리학자들은 날로 더 편벽해져서,

결국 소학류에는 한 문장도 올라가지 못했습니다. 또한 율곡 이이도 이단의 학문을 해서는 안 된다고 하여 『격몽요결』「독서(讀書)」장에서 "이단·잡류의 바르지 못한 책은 비록 잠시도 펼쳐 읽지 말아야 한다〔異端雜類不正之書, 則不可頃刻披閱〕."라고 했습니다. 이이가 말한 이단·잡류란 주자학(성리학) 이외의 여러 사상 서적을 일컫는 것인데, 대략 묵가나 도가나 불교 등의 서적입니다.

그런데 고대의 사상서 중에서 실용과 자연과학을 가장 강조한 책이 바로 『묵자』입니다. 좀 차원을 넓혀 학문적인 입장에서 사랑을 이야기해 보면, '나의 주장이 중요하므로 남의 주장도 중요한 점이 있다.'라고 생각해야겠지요. 인문과학자가 자연과학자를 융통성이 없다고 멸시하고, 자연과학자가 인문과학자를 고루하다고 욕하며 서로 배격한다면 학문의 발전은 없을 겁니다. 과학 시대, 학문에 이단은 없습니다. 학문을 평가하는 기준은 오직 열린 토론과 끝없는 검증을 통해 정립될 뿐입니다. 과학 시대의 한문 읽기는 바로 이단으로 들어가는 것입니다.

되새기기

大	道	之	行	也				
큰 대	길 도	갈 지	다닐 행	어조사 야				

人	不	獨	親	其	親			
사람 인	아닐 부	홀로 독	친할 친	그 기	친할 친			

不	獨	子	其	子				
아닐 부	홀로 독	아들 자	그 기	아들 자				

孤	獨	廢	疾	者				
외로울 고	홀로 독	폐할 폐	병 질	놈 자				

皆	有	所	養		是	謂	大	同
다 개	있을 유	바 소	기를 양		옳을 시	이를 위	큰 대	한가지 동

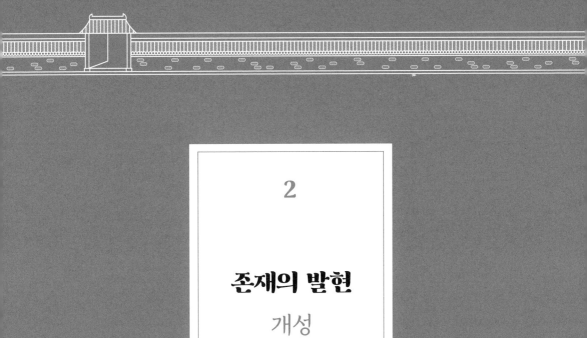

2

존재의 발현

개성

———

特

새는 날고 물고기는 헤엄을 칩니다. 새를 물속에 빠뜨려 헤엄치게 하거나, 물고기를 물 밖으로 꺼내 달리라고 하면 어떻게 될까요? 말할 나위도 없이 빠져 죽거나 말라 죽을 겁니다. 세상의 모든 존재는 저마다 자신만의 특성을 지니고 태어납니다. 그 특성은 그에 맞는 환경에서 자연스레 펼쳐지지요. 사람이 각자 품고 있는 특성을 우리는 개성이라고도 합니다.

세상의 사물은 제각기 다르기 때문에 아름답습니다. 그 다양한 아름다움을 표현해 내는 것이 예술이지요. 독창성을 중시하는 예술처럼 교육의 최종 목표도 창조라고 할 수 있습니다. 창조란 다른 것을 생각하고 만들어 내는 능력입니다. 그런데 오늘날 이 땅의 교육은, 심하게 말하면 새를 빠뜨리고 물고기를 마르게 하는 기술에 불과한 지경에 이르렀습니다. 어린이들은 표준화된 시험에서 높은 성적을 얻으라는 지상(至上)의 명령 때문에 혹사당하다, 심지어 모든 다른 것들을 혐오하는 극단에 빠지기도 합니다. 어릴 적부터 1등만 인정받고 절대 다수는 무시당하는 현실에 물들어, 자신과 다른 존재 혹은 열등하다고 생각되는 존재를 희생양으로 삼아 열등감을 보충합니다. 다름의 아름다움을 모르고 차별의 표지로 삼는 사회, 공존의 가치를 모르고 오직 승자독식의 경쟁만 강조하는 기성 세대로 인해 또 다른 약자인 어린이와 청소년들이 고통 받고 있습니다.

그리스 신화의 피그말리온 이야기를 들어 보셨는지요? 피그말리온은 자신이 이상적으로 생각하는 여인의 모습을 조각하는 데 몰두하다 조각상을 사랑하게 되었고 결국 조각상은 신의 힘을 빌려 사람으로 변했다는 이야기입니다. 하지만 그 여인이 진정한 사람인지는 모르겠습니다. 신의 힘을 빌려야만 비로소 움직일 수 있는 피그말리온만의 환상 속 꼭두각시가 아니었을까요? 어린 세대는 아직 형체를 드러내지 않은 원석입니다. 하늘에서 유유히 날갯짓하는 새가 될 수도, 물속에서 거침 없이 헤엄치는 물고기가 될 수도 있지요. 하지만 기성 세대의 이상형에 따라 조각되고 다듬어진다면 피그말리온의 환상만을 보여 주는 꼭두각시처럼 될 수도 있습니다.

2부는 각자 스스로의 가치를 확신하고, 그 자신감을 바탕으로 자연을 비롯한 모든 타자의 가치를 인정하는 사람들의 사회를 기다리는 마음으로 구성해 보았습니다. 존재를 수단으로 보는 것이 아니라 존재 자체를 존귀함의 이유로 인정하는 대사상가 장자(莊子)의 주장을 많이 소개했지요. 장자는 약 2400년 전 전국 시대라는 피비린내 나는 상잔(相殘)의 시대를 살아간 사람입니다. 서로 싸우는 나라들이 그저 전쟁에서 이기기 위해 백성들을 짜내는 방법에 골몰할 때 장자는 외쳤습니다. "모든 백성은 전쟁의 도구가 아니다. 생명을 도구로 삼지 마라!"

앞서 우리는 사랑으로 이 세상에서 존재한다고 했습니다. 이제는 존재를 기반으로 존재의 가치, 즉 개성을 실현해야 하겠지요.

존재하는 것은 모두 고귀하다

釋迦初生, 指天地曰, "天上天下, 唯我獨尊". 『대당서역기』, 『전등록』

自暴者不可與言, 自棄者不可與爲. 『맹자』

自信不疑, 如犀角獨步行. 「사마온공 행장」, 『수타니파타』

석가모니 부처가 태어났을 때, 하늘과 땅을 가리키며 말했다. "하늘 위에 하늘 아래 오직 내가 가장 존귀하다!"

(그러니) 스스로를 함부로 대하는 이와는 같이 말할 수 없으며, 스스로를 버리는 이와는 같이 일할 수 없다.

스스로를 확고히 믿고 의심하지 말며, 코뿔소의 뿔처럼 홀로 (당당하게) 가라.

세상에서 가장 고귀한 것은 나: 유아독존

광대한 자연과 아득한 역사 속에 인간은 어디에 있을까요? 차별받던 한 사나이가 떨쳐 일어나 역사를 바꾼 장면을 보며 개성에 대해 생각해 보아요.

2500년 전 네팔의 어느 작은 왕국에서 어떤 왕자가 어머니 배 속을 탈출하자마자 이렇게 말했다고 하지요.

"하늘 위에 하늘 아래 오직 내가 가장 존귀하다!"

태어나자마자 그런 당돌한 말을 했다니 너무 가소롭지 않나요? 그래서 요즘은 '오직 내가 가장 존귀하다.'라는 '유아독존'이 오만한 사람을 가리키는 구절이 되었습니다. 그러나 당시 인도의 상황을 좀 알고 나면 이 말의 참뜻을 이해하게 됩니다. 이 말을 한 부처님은 네팔에서 태어났지만 남쪽 인도로 내려와 배우고 설법을 펼쳤습니다. 물론 갓 태어난 아기가 그런 말을 했을 리는 없고 후세 사람들이 만들어 낸 이야기겠지요.

먼저 '하늘 아래 땅 위에'가 아니라 '하늘 위에 하늘 아래'라고 말했던 것에 주의할 필요가 있습니다. 당시 하늘 위에는 제석천(帝釋天, 인드라)을 비롯한 무수한 신들이 있었고, 지상의 공간에는 그보다 힘이 떨어지는 정령들이 돌아다니고 있었으며, 지하에는 염라대왕(야마)과 그 휘하의 무수한 마귀들이 사람들이 죽기만을 기다리고 있었습니다. 실제로 그런 신들이 있었는지 모르지만 중요한 것은 당시 사람들이 믿었다는 것이지요.

그럼 인간이 설 땅은 어디에 있나요? 인간은 항상 천상, 지상, 지하의 신들에게 위협을 받으며 걸어 다니고 있었습니다. 신들의 위협에 대처하는 방법은 오직 그들에게 희생물을 바쳐 제사를 올리는 것이었습니다. 제사를 올려도 신들은 곧잘 노하곤 했지요.

인간 세계는 기본적으로 네 계급으로 나뉘어 있었습니다. 계급의 꼭대기에는 신에게 제사를 지내는 계급, 즉 브라만이 있었지요. 반면 마지막 계급인 수드라는 공부도 할 수 없고, 오직 다른 계급들을 위해 노예 생활을 하는 것이 의무였습니다. 그리고 그 마지막 계급에도 속하지 못하는 불가촉천민들은 소보다도 못한 취급을 당해야 했지요. 어쩌다 이 사람들과 몸이 닿으면 소똥으로 살풀이를 했다고 합니다. 그러나 석가모니는 모든 계급 사이에는 차이가 없다고 생각했습니다. 신들에게 지내는 제사도 필요 없다고 생각했으니 그가 브라만들의 특권을 인정했을 리 없지요. 그래서 석가모니가 한 말의 원래 뜻은 이것입니다.

'우주에서 오직 인간이 가장 존귀하다. 그리고 그 인간 하나하나가 똑같이 존귀하다.'

그 어떤 권위보다 소중한 것은 인간 개개인의 고귀함, 바로 개성이라는 것입니다.

이제 맹자의 말씀을 들어볼까요? 맹자는 '자포' 즉 스스로를 함부로 대하고, '자기' 즉 스스로를 버리는 사람과는 같이할 수 없다고 하는데요. 사실 이는 자포자기하는 사람들을 비난하는 것이 아니라 타이르고자 한 말입니다. 포기하는 것이 앞으로 가는 것보다 더 어려우니 계속 앞으로 나가자는 당부였지요.

그러고는 이어서 말합니다.

言非禮義, 謂之自暴, 吾身不能居仁由義,
언 비 례 의　위 지 자 포　오 신 불 능 거 인 유 의

謂之自棄也. 仁, 人之安宅也. 義, 人之正路也.
위 지 자 기 야　인　인 지 안 택 야　의　인 지 정 로 야

曠安宅而弗居, 舍正路而不由, 哀哉!
광 안 택 이 불 거　사 정 로 이 불 유　애 재

말로 예와 의를 (따를 수 없다고) 비난하는 것을 일러 스스로에게 함부로 한다고 하고, 나는 (어려워서) 인에 머물 수 없고 의를 따를 수 없다고 하는 것을 일러 스스로를 버린다고 한다. 인이란 사람이 머무는 편안한 집이요, 의는 사

람이 갈 바른(커다란) 길이다.

편안한 집을 비워 놓고 머물지 않으며, 바른 길을 버리고 따르지 않으니 슬프구나.

맹자가 말하는 예, 의, 인과 오늘날의 도덕이 형식적으로는 다르겠지만 모두 사회에서 행복하게 살아가기 위한 도리를 말하는 것은 같습니다. 맹자가 보기에 포기하는 사람들은 "나는 그런 어려운 일을 할 수 없어."라고 말하지만 실제로는 오히려 살기 좋은 집과 널찍한 길을 버리고 어려운 길로 가고 있다는 것입니다. 고난은 우리를 앞서 가로막기에 편한 길은 그 뒤에 숨어 있다는 것이 맹자의 생각이었습니다. 맹자는 자포자기하지 않고 난관을 돌파하여 넓은 길로 들어선 사람을 대장부(大丈夫)라고 불렀지요.

되새기기

釋	迦	初	生		指	天	地	曰
풀 석	부처 이름 가	처음 초	날 생		가리킬 지	하늘 천	땅 지	가로 왈

天	上	天	下		唯	我	獨	尊
하늘 천	위 상	하늘 천	아래 하		오직 유	나 아	홀로 독	높을 존

自	暴	者	不	可	與	言		
스스로 자	사나울 포	놈 자	아닐 불	옳을 가	더불 여	말씀 언		

自	棄	者	不	可	與	爲		
스스로 자	버릴 기	놈 자	아닐 불	옳을 가	더불 여	할 위		

自	信	不	疑					
스스로 자	믿을 신	아닐 불	의심할 의					

如	犀	角	獨	步	行			
같을 여	무소 서	뿔 각	홀로 독	걸음 보	다닐 행			

누구나 자기 길이 있다

天長地久, 天空海闊.『노자』

然而, 天不生無祿之人, 地不長無名之草.중국 속담

王侯將相, 寧有種乎?『사기』

하늘은 길이길이 이어지고 땅은 오래오래 이어졌으며, 하늘은 거침 없고 바다
는 광활하다.

세상은 이렇게 거대하나, 하늘은 자신의 봉록이 없는 사람을 낳지 않으며 땅은
이름 없는 풀을 기르지 않는다.

왕후장상이 어찌 태어날 때부터 씨가 정해져 있었던가?

진나라의 학정을 무너뜨린 대장부 진섭

　여기 자신의 신분과 처지를 비관하여 자포자기하지 않고 역사의 흐름을 바꾼 대장부가 있습니다. 그의 이름은 진섭(陳涉)입니다.

　기원전 221년 진(秦)나라는 처음으로 중국을 통일하고, 군주는 왕 대신 황제(黃帝)라는 호칭을 쓴 것으로 유명하지요. 통일 국가 진의 첫 황제는 진시황입니다. 작은 나라들로 나뉘어 해마다 싸우던 시절을 끝내고 통일 왕조를 연 것은 진나라의 업적이지만, 통일 후에도 진나라는 싸우던 시절의 인습을 버리지 못했습니다. 일반 백성들을 연좌제(緣坐制)로 얽어매고, 인정사정없이 법률로 다스렸습니다. 농민들은 그런 혹독한 환경을 견디기 힘들었지요.

　그런데 진섭은 보통 농민도 못 되는 고용살이 머슴이었습니다. 어느 날 그는 땅이 많은 집에 불려가 밭을 갈다가 동무들에게 말했습니다.

　"우리 앞으로 잘살고 높은 곳에 오르면 서로 잊지 말게나."

　동무들은 다 코웃음을 쳤지요.

　"머슴으로 밭이나 가는 주제에 무슨 부귀는."

　그러자 진섭이 탄식했습니다.

　"제비나 참새 따위가 어찌 기러기와 고니의 뜻을 알리오(연작안지홍곡지지(燕雀安知鴻鵠之志))."

　당시 진나라 북쪽에는 힘센 유목민들이 자리 잡고 있었습니다. 때문에 진나라에서는 북쪽 국경을 지킬 사람들을 해마다 차출해서 보냈는데 드디어 진섭의 마을에도 차례가 왔습니다. 진섭은 남쪽 사람인데, 마침 큰비가 오고 길은 끊어져 도저히 시간에 맞추어 먼 국경에 도착할 수 없었습니다. 당시 진나라의 가혹한 법에 의하면 국경을 지킬 사람들이 기한 내로 도착하지 않으면 모두 사형에 처했습니다. 기한을 어기게 되자 진섭은 같이 가던 사람들을 설득했습니다.

　"여러분들은 모두 날짜를 어겼습니다. 날짜를 어기면 모두 참수됩니다. 참수되지 않아도 혹독한 변경에서 죽는 이들이 열에 일고여덟입니다. 용감한 사람은 누가 함부로 죽일 수가 없습니다. 그렇지 않으면, 죽을지라도 이름이라도 남겨야 하지 않겠습니까? 왕, 제후, 고관대작이 어찌 태어날 때부터 정해진 것입니까?"

진섭의 말을 듣고 사람들은 모두 "싸우자!" 하고 함성을 지르며 일어났습니다. 이리하여 전국 각지에서 들불처럼 반란이 일어나 진나라는 무너지게 되었습니다. 진섭이 시작한 뒤로 연이어 여러 사람들이 뒤따라 나선 것이지요. 결국 최후의 승자는 유방(劉邦)이라는 사람으로서 그는 한(漢)나라를 만들었습니다. 우리가 쓰는 한자(漢子)도 이 한나라의 이름을 딴 것입니다. 그리고 유방 또한 귀족이 아니라 평민이었지요.

보잘것없던 머슴의 외침은 인의를 잊은 진나라를 무너뜨린 도화선 역할을 했고, 유방은 진나라의 잘못을 거울 삼아 간소한 조항 3개만 남기고 악랄한 진나라의 법을 모두 없애 버렸습니다. 이런 변화는 모두 진섭에서 시작되었습니다. 이렇게 머슴 한 명이 철옹성 같은 진나라를 깨트렸고, 중국 사회를 크게 진보시켰습니다. 진섭이 친구들처럼 자포자기했다면 그런 엄청난 변화를 일으키지는 못했을 겁니다.

되새기기

天	長	地	久		天	空	海	闊
하늘 천	길 장	땅 지	오랠 구		하늘 천	빌 공	바다 해	넓을 활

然	而							
그럴 연	말 이을 이							

天	不	生	無	祿	之	人	
하늘 천	아닐 불	날 생	없을 무	녹 록	갈 지	사람 인	

地	不	長	無	名	之	草	
땅 지	아닐 부	길 장	없을 무	이름 명	갈 지	풀 초	

王	侯	將	相		寧	有	種	乎
임금 왕	제후 후	장수 장	서로 상		편안할 영	있을 유	씨 종	어조사 호

03

저마다 아름답다

智者樂水, 仁者樂山. 『논어』

黃河長江, 萬折必東, 『순자』

陽春方來, 百花齊放, 各樣各色, 皆有其美. 『경화연』 외

> 지혜로운 이는 물을 좋아하고, 어진 이는 산을 좋아한다.
> 황하와 장강이 만 번 물길을 바꾸어도 결국은 동쪽 바다로 가고,
> 따듯한 봄이 오고 백 가지 꽃이 한꺼번에 피어나니, 그 모양과 색깔은 각각이라
> 도 모두 저마다의 아름다움이 있다.

不患無用, 有無用之用. 『장자』

角者無齒, 海棠無香, 중국 속담

珠出乎貝, 玉出於石. 『포박자』

> 쓰임이 없을 것을 걱정하지 말라. 쓰임이 없는 것도 쓰임이다.
> (굳센) 뿔이 있는 것은 (날카로운) 이가 없고, (꽃이 아름다운) 해당화는 향기가
> 없다. 진주는 (가치가 없는) 조개에서 나오고, 옥은 (흔하디흔한) 바위에서 나
> 온다.

크게 쓸모 있는 것은 쓸모 없어 보인다: 장자의 소요유

지혜로운 사람은 물을 좋아하고 인자한 사람은 산을 좋아하지만, 그들 모두 훌륭한 사람이라는 점은 같지요. 물길이 수없이 방향을 틀지만 모두 바다로 들어가는 것도 같고요. 꽃들은 모양이 모두 달라도 아름다운 것은 마찬가지고, 겉으로 볼품없는 조개와 바위에서 진주와 보석이 나오지요. 그런데 "쓸모가 없는 것도 하나의 쓸모다."라는 말은 무슨 뜻일까요? 전국 시대 송(宋)나라의 철학자인 장자(莊子)의 세계로 들어가 보겠습니다. 『장자』라는 책 중 '한가로이 노닐다'라는 뜻의 「소요유(逍遙遊)」부분에 혜자와 장자의 대화가 실려 있습니다. 혜자는 말싸움에 이기는 것으로 유명한 사람입니다.

> 혜자: 위나라 왕이 저에게 박씨를 줘서 심었더니, 글쎄 얼마나 큰지 다섯 섬은 들어가겠더군요. 너무 커서 물을 담으면 무거워 들 수가 없고, 물그릇으로 만들자니 동그란 모양이 나오지 않았습니다. 크기만 했지 도무지 쓸모가 없어서 깨뜨려 버렸지요.
>
> 장자: 딱하십니다. 그 박으로 커다란 술동이를 만들어서 강과 호수 위에 띄워 놓고 노닐 생각은 하지 않고, 너무 커서 소용이 없다고 하다니요. 정말 마음이 너무 좁으십니다.

한 번 대결에서 진 혜자가 다시 싸움을 걸어 옵니다.

> 혜자: 저에게 커지는 가죽나무가 한 그루 있습니다. 무지하게 크기는 한데 옹이가 너무 많아서 먹줄을 놓을 수가 없고, 이리저리 뒤틀려서 자로 잴 수가 없으니 재목으로 쓸 도리가 없습니다. 그래서 덩그러니 서 있어도 목수들은 거들떠보지도 않아요.

장자: 이우(犛牛)라는 소는 하늘의 구름처럼 덩치가 크지만 쥐를 잡지는 못하지요. 지금 그대는 나무가 너무 커서 쓸모가 없다고 걱정하시는구려. 그 나무를 한적한 시골의 들판에 심어 놓고 그늘 아래서 거닐며 쉬는 생각을 못하십니까? 재목으로 쓸 수 없으니 도끼에 찍히지도 않을 것이고, 도대체 쓸모가 없으니 무슨 고난을 당하겠습니까[無所可用, 安所困苦哉]?

너무 큰 박과 너무 큰 나무는 무슨 소용이 있을까요? 장자는 두 가지를 이야기하고 있습니다. 하나는, 좁은 고정관념으로는 존재의 진짜 쓰임을 알 수 없다는 것입니다. 쓸모 없다고 생각하던 것이 쓸모 있어지는 예는 최근에 자주 보입니다. 예전에는 게임을 하면 공부를 못하는 '쓸모 없는' 사람이 된다고 생각하는 이들이 많았지만, 요즘 게임은 큰 산업이 되었고 프로 게이머도 생겼지요. 또 과거에는 쓰레기 모으는 일을 얕잡아 봤지만 지금 재활용 사업은 지구를 살리는 효과와 함께 사업성도 있는 중요한 분야가 되었지요.

장자가 말하고자 한 또 하나는 커다란 쓰임과 작은 쓰임에 관한 이야기입니다. 그릇이 되기 위해 쪼개지는 박과 목재가 되기 위해 베이는 나무는 모두 원래의 큰 모양을 작게 나누어야만 쓸 수 있습니다. 그러나 자기 모양 그대로 커다란 술동이가 되어 많은 술을 담고, 그늘을 드리우고 서서 여러 사람에게 쉼터를 제공하는 나무는 더 큰 용도로 쓰였습니다. 작은 용도로 쓰고자 여러 특성들이 모여서 이루어진 개성(個性)을 함부로 해치지 말라는 의미도 담겨 있는 것이지요. 앞으로는 쓸모 없는 것이 쓸모가 있는 일들이 점점 더 많아질 것입니다. 모양은 달라도 모든 꽃은 아름답습니다.

되새기기

智	者	樂	水		仁	者	樂	山
지혜 지	놈 자	좋아할 요	물 수		어질 인	놈 자	좋아할 요	메 산

黃	河	長	江		萬	折	必	東
누를 황	물 하	길 장	강 강		일만 만	꺾을 절	반드시 필	동녘 동

陽	春	方	來		百	花	齊	放
볕 양	봄 춘	모 방	올 래		일백 백	꽃 화	가지런할 제	놓을 방

各	樣	各	色		皆	有	其	美
각각 각	모양 양	각각 각	빛 색		다 개	있을 유	그 기	아름다울 미

不	患	無	用	
아닐 불	근심 환	없을 무	쓸 용	

有	無	用	之	用
있을 유	없을 무	쓸 용	갈 지	쓸 용

角	者	無	齒		海	棠	無	香
뿔 각	놈 자	없을 무	이 치		바다 해	아가위 당	없을 무	향기 향

珠	出	乎	貝		玉	出	於	石
구슬 주	날 출	어조사 호	조개 패		구슬 옥	날 출	어조사 어	돌 석

04

겉모습으로 판단하지 말라

人不可貌相, 海水不可斗量.『서유기』

帝堯長大, 帝舜短小, 文王長大, 周公短小.『순자』

毛嬙麗姬, 人之所美也, 魚見之深入,

鳥見之高飛, 鹿見之決走.『장자』

사람은 외양으로 판단할 수 없고, 바닷물은 말로 측정할 수 없다.

요임금은 키가 컸고, 순임금은 키가 작았으며, 문왕은 키가 컸고, 주공은 키가
작았다.

모장과 여희를 사람들은 아름답다 하지만, 물고기가 그들을 보면 깊이 숨어들
고 새가 그들을 보면 높이 날아오르며 사슴이 그들을 보면 재빨리 달아난다.

우러름 받은 '못난이들' : 손숙오와 섭공 자고

요즈음을 흔히 외모지상주의 시대라고 합니다. 외모로 사람이 판단되고 외모가 인생의 성패까지 좌우한다는 잘못된 믿음으로 외모에 집착하는 세태이지요. 그런데 그 아름다움의 기준은 무엇일까요? 『장자』에 재미있는 질문이 있습니다. 모장(毛嬙)과 여희(麗姬)는 고대에 아주 유명했던 미인들입니다. 그런데 물고기나 새나 사슴도 모장과 여희를 아름답다고 생각할까요? 아니죠. 모든 짐승들은 그 미인들을 보면 당장 달아나겠지요. 미의 절대적인 기준은 없다는 것을 보여 줍니다. 장자는 묻습니다. 그렇다면 인간과 물고기와 새와 사슴 넷 중에 누가 진정한 아름다움을 아는 것인가〔四者, 孰知天下之正色哉〕?

외모지상주의는 아주 오랜 옛날에도 있었던 듯합니다. 유학자 순자가 보기에 그런 생각은 아무런 근거가 없었지요. 요(堯)임금, 순(舜)임금, 문왕(文王), 주공(周公)은 모두 훌륭한 행실을 본보여 성인으로 추앙받는 분들이지만 외모는 판이하게 달랐던 모양입니다. 특히 주공은 공자가 자기 꿈에 그가 나오지 않는 것을 한탄할 정도로 흠모했던 사람입니다. 그러나 그 주공의 외모는 대단치 않았습니다. 순자는 네 사람에 이어서 외모가 신통치 않았던 사람 두 명을 더 언급합니다. 한 사람은 전국 시대 초(楚)나라의 명재상 손숙오(孫叔敖)입니다.

孫叔敖, 本始鄙人, 禿頭短身, 跛足之人,
손 숙 오   본 시 비 인   독 두 단 신   파 족 지 인

而以霸楚.
이 이 패 초

손숙오는 본래 시골뜨기에, 대머리에, 단신에, 절름발이였지만, 초나라를 가장 강한 나라로 만들었다.

손숙오의 외모를 한번 상상해 볼까요? 왜소하고 머리털이 없으며 게다가 장애인이었습니다. 그런데 이 사람이 역사책에는 어떻게 묘사되어 있는지 한번 모아 봤습니다.

'등용된 이래 초나라 사람들이 단결했다.' '성을 쌓는데 정확히 계산하여 한 치도 버리는 흙과 목재가 없었다.' '저수지를 만들어 넓은 들판에 물을 대었다.' '새로 만든 전술 때문에 군대가 강해졌다.' '백성과 같이 푸성귀를 먹으며 날이 새도록 일했다.' '그가 등용되자 풍속은 아름답고 정치는 편안했다.' '가르치지 않아도 백성들이 스스로 따랐다.'

세 번이나 재상에 등용되어 변방 초나라를 강국이자 살기 좋은 곳으로 만들었던 손숙오는 미천한 출신의 장애인이었습니다.

순자는 섭공(葉公) 자고(子高)에 대해서도 말합니다.

葉公子高, 微小短瘠, 若不勝其衣,
섭 공 자 고   미 소 단 척   약 불 승 기 의

仁義著於後世.
인 의 저 어 후 세

섭공 자고는 (얼마나) 왜소하고 허약한지 걸친 옷을 이기지 못할 것 같았지만,
인의로 후세에 이름을 날렸다.

섭공은 직함, 자고는 높여 부르는 말이고, 실제 이름은 심제량(沈諸梁)입니다. 여기서 '약불승기의(若不勝其衣)'라는 과장된 표현이 재밌는데요. 자기 옷의 무게조차 이기지 못한다는 뜻입니다. 그런데 옷 무게도 이기지 못하던 심제량은 역설적이게도 장군으로 유명했습니다.

심제량은 손숙오의 후대에 살았던 전국 시대 초나라의 정치가이며 지방 장관이자 장군이었습니다. 그때 초나라는 오(吳)나라와 싸우느라 힘겨웠는데, 심제량

은 오나라를 견제하는 역할을 했습니다. 한번은 오나라 왕이 대군을 이끌고 초나라 도읍까지 점령한 일이 있었습니다. 초나라 지방 도시들이 대거 오나라 군대에 함락되는 바람에 심제량의 어머니와 동생은 오나라로 잡혀갔습니다. 그때 심제량은 도읍을 되찾는 싸움에 참여하고 있었지요. 그런데 동생은 나중에 어머니를 오나라 땅에 두고 기회를 보아 자기만 탈출했습니다. 심제량은 이 일로 얼마나 화가 났는지 평생 동생을 쳐다보지도 않았다고 합니다. 이렇게 그는 도의를 버린 사람을 용서하지 못했지요.

도읍을 되찾은 후 심제량은 나라를 재건하는 중임을 맡았고 주로 군사적인 일을 담당했는데 지혜와 용기를 따라갈 사람이 없었다고 합니다. 얼마 후 초나라 왕족 중 한 사람인 승(勝)이 개인적 야심을 품고는 전란에서 금방 벗어난 나라를 거저 차지하고자 반란을 일으켜 다시 도읍을 점령했습니다. 그때 외지에서 정무를 보고 있던 심제량에게 여러 사람들이 권했습니다.

"어르신, 지방 군대를 다 거느리고 가서 반역자를 처단하셔야 합니다."

그러나 심제량은 태연했습니다.

"일확천금을 노리는 자들은 욕심이 끝이 없다고 합니다. 저 반역자가 악행을 거듭하면 자기 편이 절로 떨어져 나갈 것입니다."

과연 얼마 안 있어 승이 자기 심복을 학대해서 인심을 잃자, 심제량은 전광석화(電光石火)같이 도읍으로 들이쳤습니다. 그런데 순자가 말했듯이 심제량은 몸이 너무 약해서 오랫동안 중무장을 할 수 없었기에 투구를 벗고 있었습니다. 성으로 들어갈 때 어떤 백성이 나와 애걸했습니다.

"아니 어떻게 투구를 쓰지 않고 계십니까? 백성들이 어른을 부모처럼 여기고 있습니다. 화살이라도 맞으시면 어떡합니까?"

그러자 그는 투구를 쓰고 진격했습니다. 성안으로 들어가자 어떤 이가 또 말했습니다.

"어른께서는 왜 투구를 쓰고 계십니까? 나라 사람들이 어른만 기다리고 있는데 얼굴을 보여 주시지 않으니 너무 야속합니다. 어른의 얼굴을 보아야 사람들이 힘을 냅니다."

그러자 그는 투구를 벗고 진격했다고 합니다.

투구가 무거워 쓰지 않는 볼품없는 장군을 상상할 수 있나요? 하지만 외모가 실력을 가릴 수는 없었지요. 초나라에 손숙오나 심제량보다 멋지고 잘생긴 사람들이 많았지만 사람들은 오히려 이 '못난 사람들'을 우러러보며 그 얼굴이라도 보려고 몰려들었으니까요.

되새기기

人	不	可	貌	相				
사람 인	아닐 불	옳을 가	모양 모	서로 상 (살필 상)				

海	水	不	可	斗	量		
바다 해	물 수	아닐 불	옳을 가	말 두	헤아릴 량		

帝	堯	長	大		帝	舜	短	小
임금 제	요임금 요	길 장	큰 대		임금 제	순임금 순	짧을 단	작을 소

文	王	長	大		周	公	短	小
글월 문	임금 왕	길 장	큰 대		두루 주	공평할 공	짧을 단	작을 소

毛	嬙	麗	姬				
터럭 모	궁녀 장	고울 여	여자 희				

人	之	所	美	也			
사람 인	갈 지	바 소	아름다울 미	어조사 야			

魚	見	之	深	入			
물고기 어	볼 견	갈 지	깊을 심	들 입			

鳥	見	之	高	飛			
새 조	볼 견	갈 지	높을 고	날 비			

鹿	見	之	決	走			
사슴 녹	볼 견	갈 지	빠를 혈	달릴 주 (갈 주)			

05

차이를 인정하자

他山之石, 可以攻玉,『시경』

大川無防, 使小水得入.『한서』

鶴脛雖長, 斷之則悲,『장자』

矯角殺牛, 矯枉過正.『현중기』,『후한서』

善種樹者曰, "其蒔也若子, 其置也若棄,

則其天者全, 而其性得矣".「종수곽탁타전」

다른 산의 돌로 옥을 갈 수 있다.

큰 강은 막지 않고, 작은 물줄기는 흘러들 곳을 정비해 준다.

학 다리가 길다고 잘라 버리면 비통해하며, (또한) 뿔을 바루다 소를 죽이고 굽은 것을 펴다가 지나쳐 반대로 굽힐 수 있다.

(그래서) 나무를 잘 심는 사람이 말했다. "나무를 처음 심을 때는 자식을 아끼듯 하되, 심은 후에는 버린 것처럼 하라. 그러면 나무는 천성을 보전하고, 그 특징을 발현할 수 있을 것이다."

사랑한다면 자유를 주라: 나무를 잘 심는 곽탁타

"다른 산의 돌로는 옥을 갈 수 있다."는 고대 중국의 시집인 『시경(詩經)』에 나오는 말입니다. 옥을 옥으로 갈 수는 없고 경도가 다른 돌을 써야 하기 때문에 생긴 말이지요. 경도가 다른 돌은 물론 다른 산에서 나겠지요. 오늘날에는 이 말이 '남의 잘못을 보고 자신을 돌아본다'는 뜻으로 쓰이지만, 실제로는 다른 것의 가치를 인정하라는 뜻입니다. 온 산의 돌이 모두 옥이면 애초에 옥은 가치도 없을 것이고, 옥을 다듬어서 보물로 만들 수도 없겠지요.

학 다리가 너무 길다고 자르고 소 뿔이 굽었다고 바르게 하는 것은 개성을 해쳐 획일화를 추구하는 것입니다. 이렇게 개성을 해치는 일을 교육이나 사랑이라고 생각하는 사람들이 있습니다. 중국 당(唐)나라의 개혁 정치가 유종원(柳宗元)은 나무 심기 전문가 곽탁타(郭橐駝)의 말을 통해 개성을 해치지 말라고 권하고 있습니다. 곽탁타의 일화를 살펴보겠습니다.

곽탁타의 본래 이름은 아무도 몰랐고, 그가 곱삿병을 앓아 등이 굽었기에 낙타〔駝〕라 불렸다고 합니다. 그는 수도 장안의 서쪽 마을에 살았는데 직업은 정원사였습니다. 곽탁타가 나무를 얼마나 잘 심고 가꾸는지 부자나 권세가들은 나무를 심을 일이 있으면 꼭 그를 불렀답니다. 곽탁타가 나무를 심으면 죽는 것이 없고, 과일 나무는 열매가 주렁주렁 열렸거든요. 다른 사람들이 곽탁타가 하는 대로 따라해 봤지만 그처럼 되지 않았어요. 그중에 어떤 사람이 너무나 궁금해서 무지렁이 곽탁타에게 직접 물어보았지요.

"도대체 어떻게 해서 자네가 심은 나무는 그렇게 무성하게 잘 사는가?"

곽탁타는 이렇게 대답했습니다.

"저 탁타의 힘으로 나무를 오래 살게 하고 잘 자라게 할 수는 없습니다. 저는 그저 '나무의 천성을 따름으로써 나무가 제 성질을 다 발휘하게 할 수 있을 뿐〔順木之天, 以致其性焉爾〕'입니다."

이 대답에서 따와 우리는 각자의 천성을 존중해서 스스로의 소질을 활짝 피게 한다는 뜻으로 순천치성(順天致性)이라는 말을 씁니다. 그럼 곽탁타의 이야기를 좀 더 들어 볼까요?

　"나무의 본성이란 뿌리는 마음대로 뻗어 나가고 싶어 하고 흙은 평평한 걸 좋아하고, 옮길 때는 본래의 흙을 좋아하고, 바람이 안 들어가도록 잘 다지는 걸 바랍니다. 본래의 흙과 함께 옮겨서 뿌리를 잘 펴 주고 평평하게 흙을 고르고 잘 다진 후에는 버린 듯이 하고 다시 돌아보지 않아야 합니다. 처음 심을 때는 자식을 아끼듯 하되, 일단 심은 후에는 버린 듯 해야 합니다. 그렇게 하면 나무의 천성을 보전하여 나무가 쭉쭉 자라게 됩니다."

　그럼 곽탁타가 보기에 나무를 잘 못 심는 이들은 어떻게 할까요?

　"뿌리를 (구덩이에 맞춰서) 구부리고, 흙은 새것으로 바꾸고, 흙을 너무 덮든지 적게 덮든지 합니다. 이렇게 나무를 홀대하는 이들이 있는 반면, 어떤 이들은 이미 심어 놓고는 너무 아낍니다. 아침저녁으로 어루만지고 다 심어 놓고는 또 와서 돌아봅니다. 잘 살고 있는지 확인하려고 손톱으로 긁어 보기도 하고 잘 다져졌는지 보려고 나무를 흔들어 댑니다. 이러니 나무는 점점 본성에서 멀어지게 됩니다. 이런 이들은 비록 나무를 사랑한다고 말하지만 실제로는 나무를 해치는 것이고, 나무를 걱정한다고 하지만 실제로는 나무하고 원수가 되는 것입니다〔雖曰愛之, 其實害之, 雖曰憂之, 其實讐之〕."

　곽탁타는 무지렁이지만 자연의 본성을 제대로 이해하고 있었던 듯합니다. 오늘날 사람들이 고대인들보다 과학적인 지식을 더 많이 갖춘 것은 사실입니다. 그러나 작은 지식에 매몰되어 오히려 고대인보다 비이성적으로 행동하는 경우도 많습니다. 신기술로 만든 농약을 쳐서 나무를 기르면서, 그 대가로 개울의 가재를 죽이는 식의 행동을 하는 것이지요. 동양의 고대인들은 자연 자체에 본성이 있다고 믿었는데 대단히 과학적인 사고였음이 드러나고 있습니다. 전국 시대의 사상서인 『관자(管子)』에 "봄에 나무를 베지 않으면 목재가 풍부하고, 제사에 희생을 함부로 쓰지 않으면 가축이 풍부하다."라고 했습니다. 맹자는 "눈이 촘촘한 그물을 쓰지 않으면 물고기와 자라가 넘치고, 농사철을 놓치지 않으면 곡식이 넘친다."라고 했는데 이것 역시 같은 생각입니다. 생물을 이용하더라도 본성을 다 발휘해서 성장한 후에 쓰자는 것입니다.

옛사람들은 심지어 무생물의 본성도 인정했습니다. 2000년 전 한나라 시절의 수리 기술자 가양(賈讓)이 올린 상소문을 한번 볼까요.

> 물을 다스리는 데는 상중하 세 가지 방법〔治河三策〕이 있습니다. 큰 강은 막지 않고, 작은 물은 흘러갈 곳을 만들어 주며, 마지막으로 낮은 곳에는 제방을 쌓아 물이 들어오지 못하게 하는 것입니다. 무릇 땅에 강이 흐르는 것은 사람에게 입이 있는 것과 같습니다. 땅을 다스리겠다면서 강을 막는다면 이것은 어린 망아지를 못 움직이게 하여 입을 막는 것과 같습니다. 당장 붙들어 입을 틀어막을 수야 있겠지만, 그리하면 망아지는 곧 죽을 게 뻔합니다.

다시 말해 최상책은 사람들이 뒤로 물러나서 물이 마음대로 범람할 수 있도록 하는 것〔大川無防, 큰 강은 막지 않는다〕, 중간은 작은 물줄기들을 터 줘서 세력을 분산시키는 것〔小水得入, 작은 물은 잘 빠질 수 있도록 한다〕, 최하책이 바로 둑을 쌓는 것〔陂障卑下, 낮은 곳에 둑을 쌓아 물을 막는다〕입니다. 물을 잠시 막을 수는 있어도 결국은 차올라 제방을 넘으면 엄청난 홍수를 맞게 되고, 또 물은 사람 몸의 혈관과 같아서 흐르지 않으면 썩어서 몸을 죽이게 된다는 사상입니다.

그러나 물이 마음대로 범람하게 하려면 강 주변의 사람들을 이주시켜야 하니 사람이 살 땅이 부족하지 않을까요? 가양은 이렇게 대답했다고 합니다.

"대(大)한나라가 통제하는 땅이 사방 만 리에 달합니다. 어떻게 물과 한 뼘의 땅을 다툴 필요가 있겠습니까? 물을 마음대로 흘러가게 하는 정책은 한번 실행하면 강이 안정되고 백성이 편안해져 천년 동안 아무 걱정이 없을 것입니다. 그래서 이것을 최상책이라 하는 것입니다."

독일은 이제 댐으로 홍수를 다스리는 방법을 버리고 범람원을 보호하는 방향으로 정책을 바꾸었다고 합니다. 그리고 댐의 고향 미국에서는 21세기 들어 해체되는 댐의 수가 새로 건설되는 것들보다 훨씬 많다고 하네요. 오늘날 우리는 대자연의 본성을 무시하고 마구잡이로 강에 손을 대는 행동을 여전히 하고 있지는 않나요?

어린이는 자연과 닮았습니다. 거대한 강과 같이 미래로 흘러가는 어린이들의 본성을 막는다면 어떻게 될까요?

되새기기

他	山	之	石		可	以	攻	玉
다를 타	메 산	갈 지	돌 석		옳을 가	써 이	칠 공	구슬 옥

大	川	無	防					
큰 대	내 천	없을 무	막을 방					

使	小	水	得	入				
하여금 사	작을 소	물 수	얻을 득	들 입				

鶴	脛	雖	長		斷	之	則	悲
학 학	정강이 경	비록 수	길 장		끊을 단	갈 지	곧 즉	슬플 비

矯	角	殺	牛		矯	枉	過	正
바로잡을 교	뿔 각	죽일 살	소 우		바로잡을 교	굽을 왕	지날 과	바를 정

善	種	樹	者	曰				
착할 선	씨 종	나무 수	놈 자	가로 왈				

其	蒔	也	若	子				
그 기	모종 낼 시	어조사 야	같을 약	아들 자				

其	置	也	若	棄				
그 기	둘 치	어조사 야	같을 약	버릴 기				

則	其	天	者	全				
곧 즉	그 기	하늘 천	놈 자	온전할 전				

而	其	性	得	矣				
말 이을 이	그 기	성품 성	얻을 득	어조사 의				

06

웅지를 가지고 정진하면

靑年修有, 浩然之氣.『맹자』

力拔山氣蓋世, 幕天席地.『사기』, 「주덕송」

젊은이는 모름지기, 거침없이 큰 기개를 가질 것이다.

힘은 산을 뽑고 기개는 세상을 덮으니, 하늘을 이불 삼고 땅을 자리 삼는다.

인간은 누구나 호연지기가 있다

"힘은 산을 뽑고 기개는 온 세상을 덮는다〔力拔山氣蓋世〕." 진(秦)나라를 무너뜨리고 새로운 통일 왕조를 세우기 위해 유방과 대결했던 항우(項羽)의 엄청난 기개를 형용한 말입니다

『사기』에 따르면 항우는 얼마나 신체가 장대하고 힘이 센지 소를 삶는 엄청나게 큰 구리 솥을 혼자서 들어올릴 정도였다고 합니다. 『사기』의 저자 사마천은 젊은 나이에 일어나 겨우 3년 만에 수많은 경쟁자들을 물리치고 패왕의 자리에 오른 경우는 옛날부터 항우밖에 없었다고 평가했습니다.

그러나 기개를 키우는 것도 중요하지만 그 큰 기세는 바른길로 인도되어야 합니다. 항우가 그렇게 승승장구할 수 있었던 것은 모두 사람들이 진나라의 폭정을 혐오했기 때문입니다. 그런데 항우도 힘을 얻자 똑같이 그런 짓을 했습니다. 항우는 진나라 도성 함양(咸陽)을 점령한 후 항복한 진나라 왕을 죽였고 궁전에 불을 지르고는 보물들을 약탈해서 자기가 챙겼습니다. 폐허가 된 함양성을 보고는 "부귀한 후에 고향에 돌아가지 않으면 비단옷을 입고 밤에 길을 가는 것과 같으니 누가 알아주랴?" 하고 함양을 떠났습니다. 이것이 유명한 금의환향(錦衣還鄕) 고사입니다.

항우의 무도한 행동 때문에 결국 사람들이 떨어져 나가고, 유방에게 쫓겨 막바지에 몰렸을 때 그는 이렇게 절규했다고 합니다.

"힘은 산을 뽑고 기개는 세상을 덮었으나, 시세가 불리하니 말도 앞으로 나가지 않는구나. 말이 나가지 않으니 어찌하랴?"

사마천은 그런 항우를 두고 이렇게 평가했지요. "아직도 자신의 잘못을 모르고 하늘을 탓한다."

그래서 맹자가 말한 것처럼 호연지기는 그저 힘과 기개가 남다른 것을 의미하는 것이 아닙니다. 그럼 호연지기란 진정 어떤 것인지 한번 살펴볼까요? 맹자와

공손추가 이런 대화를 나눕니다.

> 공손추: 선생님은 무엇을 잘하십니까?
>
> 맹자: 나는 호연지기를 잘 기른다네.
>
> 공손추: 그 호연지기란 것이 뭡니까?
>
> 맹자: 말하자면 좀 어렵네. 바르게 기르고 해치지 않으면 천지에 가득 찰 강력한 기운일세. 그 기운은 의(義)와 도(道)와 함께해야 하는데, 이 기운이 없으면 사람은 허약해지네.
>
> 내 이야기 한번 들어 보게. 송나라에 어떤 사람이 밭의 싹이 잘 자라지 않는 것이 걱정되었다지. 그래서 빨리 크도록 돕는다고 밭에 가서 열심히 싹을 뽑아 늘이고 집으로 왔다네. 그러고는 "아 정말 피곤하다. 싹이 자라는 것을 도와주었다."라고 했지. 다음 날 아들이 밭으로 가보니 싹은 다 죽어 있었다네. 세상에는 이렇게 싹이 자라는 것을 돕는다고 잡아 늘이는 사람이 적지 않다네. 물론 도움이 안 된다고 생각해서 여린 싹을 내버려 두는 이도 있지. 이런 사람은 밭에 김을 매지 않는 사람이지.

맹자는 무엇을 말하는 걸까요? 인간 안에는 호연지기라는 강력한 가능성이 존재하는데, 이것은 새싹과 같습니다. 버려두지 말고 보살피되 잡아 늘이지도 말면 무럭무럭 자라난다는 것입니다. 가르치는 입장에서 보면, 학생들이 잘 자랄 수 있는 환경을 만들어 주되 강제로 주입시켜서 생명력을 고갈시켜서는 안 된다는 것이겠지요. 배우는 사람 입장에서 생각하면, 항우와 같은 기개를 가지되 그것을 올바른 방향으로 키워야 한다는 말이겠고요.

되새기기

靑	年	修	有		浩	然	之	氣
푸를 청	해 년	닦을 수 (모름지기 수)	있을 유		넓을 호	그럴 연	갈 지	기운 기

力	拔	山	氣	蓋	世			
힘 역	뽑을 발	메 산	기운 기	덮을 개	인간 세			

幕	天	席	地					
장막 막	하늘 천	자리 석	땅 지					

07

알아주는 이 없어도

人不知而不慍, 不亦君子乎! 『논어』

昔者有大鵬, 三年不動, 不飛不鳴, 一飛衝天,

一鳴驚人. 『여씨춘추』, 『한비자』

남들이 알아주지 않아도 성내지 않는다면, 또한 그를 군자라고 할 수 있지 않겠
는가?

옛날에 큰 붕새가 있었다. 3년 동안 움직이지 않아 날지도 울지도 않아도, 한 번
날면 하늘을 뚫고 한 번 울면 뭇사람들을 놀라게 했다.

3년 동안 날지 않는 새, 초 장왕

옛날 중국 춘추 시대 초나라에 장왕(莊王)이라는 왕이 있었습니다. 앞서 예로 든 재상 손숙오가 모신 인물입니다. 당시 초나라는 안팎으로 너무 어지러워 어떻게 손을 써야 할지 난감한 지경이었습니다. 왕을 우습게 대하는 대신들도 수두룩했습니다.

그런데 새로 왕위에 오른 이 장왕이라는 사람이 가관이었습니다. 3년 동안 한 번도 정사를 돌보지 않고, 술이나 먹으며 허송세월을 보내는 것이 아니겠습니까? 적반하장으로 이렇게 엄포까지 놓았습니다.

"나한테 열심히 일하라고 말하는 사람이 있으면 살려 두지 않겠다."

그러니 어느 누구도 감히 충고하지 못했고, 간사한 사람들은 제 세상을 만난 듯 날뛰었지요. 그렇게 시간이 가던 어느 날 충성스러운 신하 한 명이 들어와 목숨을 걸고 간했습니다.

"이런 수수께끼가 있습니다. 새 한 마리가 남쪽 언덕에 앉아 있는데, 3년 동안이나 날지도 울지도 않는다 합니다. 무슨 새일까요?"

그러자 장왕이 속으로 기뻐하며 대답했습니다.

"3년 동안 날지 않았으나 날면 장차 하늘을 뚫을 것이고, 3년 동안 울지 않았으나 울면 장차 사람들을 놀라게 할 것이오. 그러나 그대의 마음은 잘 알았소."

이리하여 장왕은 하루아침에 마음을 고쳐먹고 정사를 돌보기 시작하는데, 공명정대하기가 역대 임금 누구와도 비교할 수 없었다고 합니다. 목숨을 걸고 충고하던 좋은 사람들을 등용해 일을 맡기고, 제 세상을 만난 듯 날뛰던 간신들을 물리쳤으며, 자신은 게으름을 완전히 버렸습니다. 그래서 남쪽 궁벽한 곳에 있던 초나라는 중국 전체에서 가장 강한 나라가 되었다고 합니다.

장왕이 3년 동안 시간을 보낸 것은 상황이 어지러워 자기 뜻을 펼칠 공간이 없었기 때문입니다. 그러나 실제로 그동안 놀고 있었던 것은 아닙니다. 부단히 앞날을 계획하고 주위 인물들을 살폈던 것이지요. 충신이 목숨을 내놓고 자신에게 말을 걸어오자 이제 뜻을 펼칠 시기가 왔다고 판단한 것입니다.

그러니 상황이 여의치 않더라도 자신의 실력을 믿고 정진한다면, 언젠가는 뜻을 펼칠 날이 올 것입니다. 다만 장왕처럼 한 번 날아오르면 하늘을 뚫도록 준비를 하고 있어야겠지요.

되새기기

人	不	知	而	不	慍			
사람 인	아닐 부	알 지	말 이을 이	아닐 불	성낼 온			

不	亦	君	子	乎				
아닐 불	또 역	임금 군	아들 자	어조사 호				

昔	者	有	大	鵬				
예 석	놈 자	있을 유	큰 대	붕새 붕				

三	年	不	動		不	飛	不	鳴
석 삼	해 년	아닐 부	움직일 동		아닐 불	날 비	아닐 불	울 명

一	飛	衝	天		一	鳴	驚	人
한 일	날 비	찌를 충	하늘 천		한 일	울 명	놀랄 경	사람 인

08

진정 강한 사람

勝人者力, 自勝者强.『노자』

남을 이기는 자는 힘이 있는 사람이지만, 스스로를 이기는 자는 진정 강한 사람
이다.

바다가 모든 물의 우두머리가 된 까닭

"남을 이기는 사람은 힘센 사람에 불과하지만, 자신을 이기는 사람이 진정 강한 사람이다." 바로 노자가 한 말입니다. 그럼 어떤 사람이 자신을 이기는 사람일까요? 노자는 물의 비유를 들어 진정 강한 이는 낮은 곳에 처한다고 말합니다. 한문 문법을 배우기 매우 좋은 문장이니까 통째로 외워 두면 도움이 될 거예요.

江海所以能爲百谷王, 以其能爲百谷下,
강 해 소 이 능 위 백 곡 왕　　이 기 능 위 백 곡 하

是以能爲百谷王.
시 이 능 위 백 곡 왕

聖人之在民前也, 以身後之.
성 인 지 재 민 전 야　　이 신 후 지

강과 바다가 모든 골짜기 물의 왕이 될 수 있는 것은, 강과 바다가 모든 골짜기의 아래에 처할 수 있기 때문이니, 그리하여 모든 골짜기 물의 왕이 될 수 있다.
성인이 백성들의 앞에 설 수 있는 까닭은 그 몸을 백성들 뒤에 두었기 때문이다.

'소이(所以)'는 '~의 이유는' '~때문에' '~로써' 등의 뜻으로 쓰이고, '시이(是以)'는 '이리하여'라는 뜻입니다.

노자는 성인을 물에 비유했습니다. 성인이란 바로 자신을 이긴 사람입니다. 무엇을 이겼을까요? 남보다 잘난 체하는 마음을 이겼다는 말입니다. 바다는 낮은 곳에 있기에 그토록 거대해진 것이지요. 낮은 곳에 있지만 바다보다 큰 물이 있나요? 남들보다 뛰어난 사람은 잘난 체하는 대신 항상 남의 뒤에서 묵묵히 있지요. 그렇지만 사람들은 언젠가 그 사람의 가치를 알고 찾아갑니다. 마치 모든 물이 바

다로 가듯이 말이지요.

유학자들도 극기복례(克己復禮), 즉 '자신을 이겨서 예로 돌아간다'는 말을 썼습니다. 그렇지만 노자의 말이 더 자연스럽지요? 큰 강과 바다는 낮은 곳에 있어서 물을 받아들이고, 뛰어난 사람은 남의 뒤에 있기에 오히려 빛납니다.

그런데 강과 바다가 작은 물을 모두 소중히 받아들이지 않았으면 그렇게 커질 수 있었을까요? 수많은 물줄기를 사람 개개인이라 하면, 사회는 수많은 개인의 개성을 존중하고 차별 없이 받아들여야 한다는 뜻이겠지요. 또한 개인도 스스로의 개성을 발휘하기 위해서는 수많은 개성들을 존중하고 받아들여야겠지요.

되새기기

勝	人	者	力		自	勝	者	強
이길 승	사람 인	놈 자	힘 력		스스로 자	이길 승	놈 자	강할 강

3

삶의 기쁨

선행

———

善

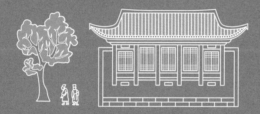

독일의 위대한 철학자 칸트의 묘비에는 이런 말이 쓰여 있답니다.

> 언제나 새롭고 갈수록 더욱 존경과 감탄으로 내 마음을 채우는 두 가지. 머리 위로 별이 빛나는 밤과 내 마음속의 도덕률(道德律).

칸트는 인간은 자율적인 '선의지(善意志)'에 의해 도덕률을 만들고 따라야 한다고 생각했습니다. 꼭 맹자가 그랬던 것처럼, 칸트도 인간은 선의지를 갖추고 있다고 확신했습니다. 그는 행복을 누리는 데 반드시 필요한 요소가 바로 선의지라고 보았지요. 그리고 그것은 자율적인 것이니, 선의지를 따르는 것은 지겹거나 괴롭지 않고 행복합니다.

1부에서 말했듯이 선의 기반은 사랑입니다. 그러나 선을 행하자면 모자라거나 지나친 사랑으로는 부족합니다. 예컨대 나의 아이를 먹이기 위해 남의 아이의 것을 빼앗아서는 안 되겠지요. 선한 사랑을 행하자면 최소한의 도덕률을 따라야 합니다. 그러나 그 도덕률 또한 복잡하거나 어렵지 않습니다. 그저 만인의 마음에 따라 판단하면 됩니다. 청나라의 유명한 철학자 대진(戴震)은 세상 사람들이 모두 그렇다고 하는 것, 즉 동연(同然)에 따르면 된다고 했습니다. 하지만 현실에서 선하지 않은 행동들이 그토록 빈번하게 보이는 것은 무슨 까닭일까요? 바로 게으름으로 선에 미치지 못하기도 하고 혹은 욕심이 지나쳐 최소한의 도덕률을 무시하거나 뒤로 미뤄 두기 때문이겠지요. 영화에서 큰 도둑들이 흔히 하는 말이 있지요.

"이번 한 탕만 성공하면 손을 씻겠다."

그들도 선을 압니다. 하지만 당장 선의지대로 행하지 않고 내일로 미뤄 둡니다. 그렇게 미루는 것이 습관이 되면, 그 습관이 주인이 되어 사람을 이끌고 다닙니다. 선한 삶을 살려면 당장 실천하되, 이 실천이 습관이 되도록 해야겠지요. 그렇게 선행이 습관이 되면 칸트가 말했듯 밤하늘의 별을 보는 것처럼 매 순간 벅차고 행복할 겁니다.

01

선한 마음을 따를 뿐

有陰德者, 天報之福. 『신서』

天道無親, 常與善人, 天網恢恢, 疎而不失. 『노자』

> 남몰래 착한 일을 한 사람은 하늘이 복을 내린다.
>
> 하늘은 따로 친애하는 이가 없으니 항상 착한 사람과 함께하고, 하늘의 그물은
> 넓고 넓어서 성기어도 빠뜨리는 법이 없다.

손숙오의 조건 없는 사랑

"하늘의 그물은 넓고 넓어서 성겨도 빠뜨리는 법이 없다〔天網恢恢, 疎而不失〕."
여기서 '회회(恢恢)'는 넓고 넓은 모양을 표현하는 의태어입니다. 그런데 왜 하늘
의 그물이 성글다고 했을까요? 하늘은 원래 마음이 넓어 작은 잘잘못을 다 따지
지 않는다는 뜻이겠지요. 하지만 커다란 악행과 커다란 선행은 결코 빠뜨리지 않
는다고 합니다. 『신서(新書)』에 이런 이야기가 적혀 있습니다. 좀 긴 문장이지만
어려운 글자가 없으니 같이 읽어 봐요.

孫叔敖幼時, 出遊, 見兩頭蛇, 歸家而泣,
손 숙 오 유 시   출 유   견 양 두 사   귀 가 이 읍

憂而不食, 母問其故, 叔敖對曰, "吾聞,
우 이 불 식   모 문 기 고   숙 오 대 왈   오 문

見兩頭蛇者必死, 以前吾見之, 恐去母而死也."
견 양 두 사 자 필 사   이 전 오 견 지   공 거 모 이 사 야

母又問, "蛇今安在?" 叔敖曰, "恐他人又見,
모 우 문   사 금 안 재   숙 오 왈   공 타 인 우 견

殺而埋之矣." 母曰, "有陰德者, 天報之福,
살 이 매 지 의   모 왈   유 음 덕 자   천 보 지 복

汝不死也."
여 불 사 야

손숙오가 어렸을 때 밖에 나가 놀다가 머리가 둘 달린 뱀을 보았다. 집으로
돌아와 곧장 우는데, 걱정이 되어 밥도 먹지 않았다. 어머니가 그 까닭을 물
으니 손숙오가 대답했다. "머리 둘 달린 뱀을 보면 죽는다고 들었어요. 한데
잠깐 전에 제가 그걸 봤어요. 엄마를 두고 먼저 죽을까 무서워요." 어머니가
다시 물었다. "뱀은 지금 어디 있니?" 손숙오가 대답했다. "다른 사람이 다시

볼까 두려워서 죽여서 묻었어요." 그러자 어머니가 말했다. "남몰래 착한 일을 한 사람은 하늘이 복을 내린다고 하더라. 너는 안 죽을 거다."

앞서 등장했던 명재상 손숙오의 어린 시절 이야기입니다. 예전에는 머리가 둘 달린 뱀, 양두사를 보면 죽는다는 속설이 있었다고 합니다. 그런데 어린 손숙오는 자기가 죽을 처지인데도 남을 먼저 떠올리며 양두사를 죽였습니다. 그러고는 집에 돌아와 뒤늦게 무서워하며 울었지요. 어린 손숙오의 마음이 대단하지요?

주목할 점은 손숙오에게 예견된 죽음이 그의 선의지를 손상시키지 않았다는 것입니다. 스피노자라는 철학자도 "내일 지구가 멸망할지라도 나는 한 그루 사과나무를 심겠다." 했지요. 이렇듯 선의지는 실용적인 목적을 위한 의지, 이른바 도구적(道具的)인 이성을 넘어섭니다. 이런 선의지 덕택에 훗날 손숙오는 우러름 받는 '못난이' 명재상이 되었습니다.

되새기기

有	陰	德	者		天	報	之	福
있을 유	그늘 음	덕 덕	놈 자		하늘 천	갚을 보	갈 지	복 복

天	道	無	親		常	與	善	人
하늘 천	길 도	없을 무	친할 친		항상 상	더불 여	착할 선	사람 인

天	網	恢	恢		疎	而	不	失
하늘 천	그물 망	넓을 회	넓을 회		성길 소	말 이을 이	아닐 불	잃을 실

02

선에는 선이, 악에는 악이

形影相同, 誠中形外, 必愼其獨.『열자』,『대학』

種瓜得瓜, 種豆得豆, 善因善果, 惡因惡果.『열반경』

그림자의 모양은 실물을 따르고, 마음속이 진실하면 겉으로 드러나니, 반드시
혼자 있을 때 성실할지어다.

오이를 심으면 오이가 나고 콩을 심으면 콩이 나듯이, 좋은 원인에는 좋은 결과
가 나오고 나쁜 원인에는 나쁜 결과가 따른다.

자신의 법에 걸린 상앙

그림자가 형체를 따르고 콩 심은 데 콩 나듯이, 과연 착한 일을 하면 좋은 보상을 받을까요? 어떤 사람은 아무리 봐도 착한 사람처럼 보이지 않는데 왜 성공하고 인정을 받는 걸까요? 한 가지는 확실합니다. 착한 행동을 하는 사람이 많은 사회는 대체로 행복하다는 겁니다. 착한 행동은 행동을 하는 사람과 그 혜택을 입는 사람을 동시에 행복하게 하기 때문이지요. 뿐만 아니라 그 행동을 보는 사람, 그에 관해 전해 들은 사람까지 행복하게 하지요. 선행을 한 사람이 꼭 보상을 받는 것은 아닐지언정, 한 사람의 선행이 그 사회에 보상을 주는 것은 확실합니다. 도둑질하는 사람이 잘살 수는 있겠지만, 그런 사람이 많은 사회는 불행한 사회겠지요. 모두가 도둑질을 당하지 않을까 근심해야 하니까요. 하늘의 그물은 성기다고 했지요? 아마도 세세한 일까지 인과응보의 법칙이 적용되지는 않을 것입니다. 그러나 하늘의 그물이 빠뜨리는 법은 없다고 했습니다. 크게 보면 그렇게 된다는 말이지요.

이제, 남이 도저히 미치지 못할 재능을 가졌지만 그다지 착하지는 않았던 상앙(商鞅)이라는 사람의 삶을 한번 살펴보겠습니다. 상앙은 중국 전국 시대의 정치가로, 원래 위(衛)나라 사람인데 자기의 뜻을 펼치고자 좀 더 큰 나라인 위(魏)나라로 가서 작은 벼슬을 했습니다. 상앙의 상관은 바로 그의 능력을 간파하고 임금에게 간청했습니다.

"상앙을 등용하십시오. 그러지 않으려거든 차라리 죽이는 것이 좋습니다. 외국으로 보내면 위험합니다."

왜 위험하다고 했을까요? 바로 상앙이 혹독한 법치(法治)를 통해서 나라를 강하게 만드는 데 일가견이 있는 사람이었기 때문이지요. 상앙의 법치란 법으로 엄격하게 백성들을 통제하되, 귀족들도 법의 통치를 따라야 한다는 내용으로 당시로서는 선진적인 것이었습니다. 상앙은 결국 위(魏)나라에서 등용되지 못하고 진

(秦)나라를 찾아갔습니다. 진나라는 훗날 천하를 통일하는 바로 그 나라지요. 진나라에 간 상앙은 한 사람이 죄를 지으면 친척까지 벌하는 연좌제(緣坐制), 오직 싸움에서 공을 세운 사람에게만 포상하는 군공법(軍功法) 등을 써서 진나라를 강국으로 만들었습니다.

그러나 정작 자신은 편법을 즐겨 사용했지요. 상앙은 자기가 벼슬살이를 했던 위(魏)나라가 다른 나라와의 싸움에 져서 약해졌을 때 공격을 개시했습니다. 위나라에서는 임금의 아들(공자(公子))이 직접 싸움터로 나왔습니다. 그는 위나라에서 벼슬살이를 했으니 위나라 임금의 아들과 친했지요. 싸움이 시작될 무렵 상앙은 위나라 군대를 이끌고 있던 공자에게 편지를 보냈습니다.

"저는 원래 공자와 가까이 지냈습니다. 우리가 비록 서로 적국의 장수가 되어 맞서고 있지만 어떻게 차마 서로 공격할 수 있겠습니까? 오셔서 화해의 맹약을 맺고 싸움을 그칩시다."

그러고는 위나라 공자를 초청해서 함께 술을 마시는 척하다가 갑자기 부하들을 동원해 공자를 사로잡고 불시에 공격을 감행했습니다. 물론 진나라는 대승을 거두었지요. 그는 이런 사람이었습니다.

상앙은 법을 엄격하게 집행하면서 원수를 진 사람이 많아 항상 중무장한 호위병을 거느리고 다녔습니다. 그러나 진나라 효공이 죽고 아들이 즉위하자 반대파가 바로 상앙을 무함했습니다.

"상앙이 모반을 일으키려 합니다."

궁지에 몰린 상앙은 외국으로 달아나려고 밤에 길을 떠나 국경의 관문에 도달했습니다. 관문 근처의 여관에서 잠을 자려는데 여관 주인이 말했습니다.

"상군(상앙)의 법에 따르면, 여행증이 없는 사람을 자게 하면 저도 함께 처벌을 받습니다."

상앙은 탄식하고는 쉬지 않고 바로 가까운 위나라로 달아났습니다. 그러나 위나라는 상앙에게 속은 일 때문에 이를 갈고 있었지요. 변경의 수문장이 말했습니다.

"전날 우리 공자를 속인 당신을 제가 어찌 믿겠습니까?"

그래서 상앙을 받아들이지 않고 다시 진나라로 추방했습니다. 상앙은 결국 붙잡혔고, 자신은 물론 일가친척까지 화를 입었습니다. 상앙의 법은 너무나 엄격해서 조금만 잘못해도 목숨을 잃을 수 있었지요. 그러나 정작 자신은 법에 걸리지 않는 양 권세를 부리며 살았으니 사람들이 좋아할 리가 없었지요.

상앙이 여관 주인이게 쫓겨나며 이렇게 탄식했다고 합니다.

"아뿔싸. 내 법의 폐단이 이제 나에게 미치는구나!"

이렇게 20년 동안 영화를 누리던 상앙은 자신의 법에 걸려 넘어졌습니다. 어떻습니까? 이 정도면 하늘의 그물은 성기지만 빠트리지는 않는다고 할 수 있겠지요.

되새기기

形	影	相	同		誠	中	形	外
모양 형	그림자 영	서로 상	한가지 동		정성 성	가운데 중	모양 형	바깥 외

必	愼	其	獨					
반드시 필	삼갈 신	그 기	홀로 독					

種	瓜	得	瓜		種	豆	得	豆
씨 종	오이 과	얻을 득	오이 과		씨 종	콩 두	얻을 득	콩 두

善	因	善	果		惡	因	惡	果
착할 선	인할 인	착할 선	실과 과		악할 악	인할 인	악할 악	실과 과

03
먼저 베푸는 선

與人善言, 暖於布帛, 『순자』
前人種樹, 後人乘凉. 중국 속담

남에게 착한 말을 해 주면 그 말은 따뜻한 옷보다 포근하고, 앞사람이 나무를 심
으면 뒷사람이 그늘에서 쉴 수 있다.

칭기즈 칸을 만든 부자(父子)

몇 해 전 미국의 영향력 있는 신문에서 '세계를 움직인 역사 인물'을 뽑았는데 몽골의 칭기즈 칸이 1위를 차지했다고 합니다. 누가 어떻게 평가하든 이 사람이 세계사에 가장 깊은 발자국을 남긴 것은 분명합니다. 그런데 혹시 어떤 착한 부자(父子)가 없었더라면 이 거대한 위인도 없었을 거라는 이야기를 들어 보셨나요? 몽골 민족의 역사책 『몽골비사』에 나오는 이야기입니다.

테무친(칭기즈 칸의 이름)은 어려서 추장인 아버지를 잃고 자기 부족에게 버림받았습니다. 부족 사람들은 어린 테무친을 지도자로 인정할 수 없었던 것이지요. 그는 어머니와 동생들을 데리고 혹독한 추위가 몰아치는 초원에서 가축도 없이 비참한 생활을 이어 갔습니다. 그러나 시련은 끝나지 않았습니다. 원래 테무친 부족과 친척이던 타이치우트 부족이 테무친이 추장의 아들인 데다 능력도 있다는 것을 알고는 장차 후환이 될까 두려워 아예 없애려 했던 것이지요. 타이치우트 사람들이 습격했을 때 테무친의 형제들은 저항했지만 중과부적(衆寡不敵)이었습니다. 타이치우트 사람들은 형제들을 포위하고 요구했습니다.

"다른 이들은 필요 없다. 형 테무친만 보내라."

그러나 의리 있는 형제들은 테무친을 숲으로 도망시켰습니다. 숲에서 아흐레를 버텼지만 그들은 물러가지 않았습니다. 속절없이 굶어 죽는 것만 기다릴 수 없어 결국 밖으로 나와 사로잡혔습니다. 소년은 목에 칼을 쓰고 다니는 비참한 포로 생활을 견뎠습니다. 그러던 어느 날 타이치우트 부족 사람들이 잔치를 여느라 떠들썩한 사이 기회를 잡아 달아났습니다. 그러나 허기진 몸에 무거운 칼까지 쓰고 멀리 갈 수는 없었지요.

"테무친이 도망쳤다."

추격이 바로 시작되었고, 테무친은 엉겁결에 얕은 여울물에 드러누웠습니다. 그러나 어떤 사나이에게 발각되고 말았지요. 테무친을 찾은 사람은 수색을 나온

소르칸 시라 아저씨였습니다. 아저씨는 테무친의 처지가 안타까웠어요.

"눈에는 불이 있고 얼굴에는 빛이 있기 때문에(총명하고 잘생겨서) 타이치우트 형제들에게 시기를 받고 있구나. 그대로 누워 있어라. 내 고발하지 않으마."

그러고는 추격자들이 도착하자 이렇게 얼버무렸습니다.

"여기는 내가 다 찾아봤다. 다른 곳을 찾아보자."

그런 뒤 테무친에게 말했어요.

"네 형제와 어머니를 찾아가거라."

그러나 테무친은 갈 곳이 없었습니다. 그래서 다시 소르칸 시라의 집을 찾아갔지요. 테무친이 다시 찾아오자 소르칸 시라 아저씨는 깜짝 놀랐습니다.

"네 어머니와 형제를 찾아가라 했는데 왜 또 왔느냐?"

이렇게 말하고는 내치려 했어요. 그러자 소르칸 시라의 두 아들 칠라운과 침바이가 말했어요.

"아버지, 작은 새라도 매가 덤불로 몰아넣으면 덤불이 보호합니다. 우리를 찾아온 사람에게 어찌 그렇게 말할 수 있습니까?"

그러고는 다시 숨겨 주었어요.

"칼을 쓰고 멀리 갔을 리가 없다. 누가 테무친을 숨겼다."

곧 수색하는 사람들이 다시 들이쳐 집집마다 뒤지기 시작했습니다. 소르칸 시라 아저씨는 테무친을 양털 무더기 속에다 숨겼어요. 사람들이 여기까지 수색하려 할 때 아저씨가 말했어요.

"이 더운 날 어떻게 양털 무더기 속에서 사람이 견디겠습니까?"

사람들은 고개를 끄덕이며 나갔어요. 사람들이 모두 지나가자 소르칸 시라는 화를 냈습니다.

"하마터면 내가 죽을 뻔했다. 이제 형제들을 찾아가라."

아저씨는 테무친에게 말 한 마리에 활과 화살 두 대를 주고, 양 한 마리로 양식을 마련해 주었어요. 이리하여 훗날 세계의 정복자가 될 사람은 가까스로 목숨을 구합니다.

이들 착한 부자는 나중에 어떻게 되었을까요? 이제 몽골을 통일하고 아시아의 제왕이 된 칭기즈 칸이 상을 내리는 장소로 가 보겠습니다. 칭기즈칸은 소르칸 시라 부자에게 말합니다.

"내가 타이치우트 사람들에게 시기를 받아 잡혀갔을 때, 그대들이 나를 숨겨 주고 돌봐 주었습니다. 그대들의 도움과 선행을 나는 밤에는 꿈에 낮에는 가슴에 품고 다녔습니다."

칭기즈 칸은 이들에게 넓은 셀랑가 강 유역을 유목지로 주고, 관리들에게 이들이 죄를 아홉 번 지어도 벌을 내리지 말라 명하고는 말했어요.

"옛날 그대들 형제가 나를 위해 해 준 착한 말을 기억하면 어찌 이 정도로 만족하겠는가. 필요한 것이 있으면 직접 말하고, 싸움에서 얻은 것이 있으면 나에게 보고하지 않고 가지라."

훗날 칠라운과 침바이는 칭기즈 칸을 친형제처럼 따라다녔습니다. 그리고 소르칸 시라는 셀렝가 강가의 목장에서 자유롭게 살았습니다.

되새기기

與	人	善	言		暖	於	布	帛
더불어 여	사람 인	착할 선	말씀 언		따뜻할 난	어조사 어	베 포	비단 백

前	人	種	樹		後	人	乘	涼
앞 전	사람 인	씨 종	나무 수		뒤 후	사람 인	탈 승	서늘할 량

04
선행은 작은 것부터 견실하게

從善如登, 從惡如崩,『국어』
莫輕小善, 以爲無福, 水滴雖微, 漸盈大器.『법구경』

선을 따르는 것은 (어려워서) 마치 산을 오르는 듯이 더디며, 악을 따르는 것은 (쉬워서) 산이 무너지는 것처럼 순식간이다. (그러니) 작은 선이 복이 되지 않는다고 가볍게 보지 말라. 한 방울 물이 비록 작아도 모이고 모여서 큰 그릇을 채우게 된다.

쌓기는 어려워도 무너뜨리기는 쉽다: 당나라 현종

우리 속담에 '티끌 모아 태산'이라는 말이 있습니다. 작은 선행도 모으면 커다란 공덕이 되겠지요. 그러나 '바늘 도둑이 소도둑 된다'는 말도 있습니다. 작은 비행에서 시작해서 큰 악행으로 옮겨 갈 수 있다는 말이겠지요.

항상 선행을 하던 사람이 나쁜 일에 빠지면 더 헤어나지 못하곤 합니다. 나쁜 습관은 슬그머니 다가와서, 달콤하다고 잠깐 즐기는 사이에 완전히 그 사람을 물들이는 경향이 있습니다.

당(唐)나라 제2의 전성기를 연 현종(賢宗)은 한때 모든 임금의 표본이었습니다. 그가 등극하기 전에 당나라는 대내외적으로 극심한 혼란에 빠져 있었습니다. 이 현종의 능력이 어느 정도인지, 역사책에 당나라의 성대함이 이렇게 묘사되어 있습니다.

> 쌀과 비단 값은 보통 사람이 아무 부담 없이 살 정도요, 도시에서 도시 사이로 점포가 빽빽이 늘어서 있는데 점포마다 손님들을 위한 말[馬]이 있었다. 상인들이 수천 리를 가도 한 마디짜리 칼도 가지고 갈 필요가 없었다.

그가 백성들을 위하는 마음은 사람들을 감동시켰고 또 사람들의 살림살이는 나날이 좋아졌습니다. 그래서 그가 다스리던 시기를 '개원의 태평성대(開元之治)'라고 불렀습니다. 개원은 현종의 연호입니다. 물론 이런 업적은 하루 이틀에 이룰 수 있는 것이 아닙니다.

이렇게 열심히 일하는 황제에게 어느 날 보기만 해도 기분이 좋은 사람이 등장했는데 이 사람의 이름은 이임보(李林甫)였습니다. 그러나 속은 착한 사람이 아니었습니다. 이 사람의 말이 얼마나 달콤했는지, 그러나 마음속은 얼마나 음험했는지 '입에는 꿀을 바르고 배 속에는 칼을 숨겼다.' 해서 구밀복검(口蜜腹劍)이라는 말이 생겼습니다.

이임보의 주특기는 남의 비밀 캐기였습니다. 보통 사람들은 모두 남의 비밀을 알고 싶어 하지요. 이임보는 수많은 첩자들을 풀어서 사람들의 뒤를 캐다가 수시로 현종에게 보고했습니다. 현종은 남의 비밀을 듣는 것에 재미를 들이고 말았습니다. 남의 비밀을 알게 되니 이 사람도 미지근하고 저 사람도 못미덥게 되었습니다.

이임보가 신임을 받자 이임보와 비슷한 사람들이 무더기로 등장하고, 정직한 사람들은 다 밀려났습니다. 한때 태평성대를 열었던 위대한 임금은 이제 일을 하지 않고, 이임보의 비밀 보고나 즐겼습니다. 이임보가 태평성대라는 말로 사탕발림을 할 때 야심가들이 성장하고 있었지요. 그런데도 현종은 양 귀비라는 여자와 지내며 정치를 이임보에게 맡겼습니다.

마침내 변방의 군인인 안녹산(安祿山)이 도성으로 쳐들어오자 현종은 달아날 수밖에 없었습니다. 업적을 쌓는 데 그토록 오랜 시간이 걸렸지만 무너지는 건 한순간이었지요. 현종이 실패하게 된 실마리는 남의 비밀을 캐는 사람을 가까이한 것이었습니다. 처음에는 별것 아닌 작은 비행이었지만 이내 빠져들었고 결국 완전히 길을 잃고 말았습니다. 『명심보감』에 『삼국지』의 영웅 유비가 아들에게 남긴 유언이 적혀 있습니다.

勿以善小而不爲, 勿以惡小而爲之.
물 이 선 소 이 불 위   물 이 악 소 이 위 지

착한 일은 작다고 여겨 아니하지 말고, 악한 일은 작다고 여겨 행하지 말라.

처음에는 성군(聖君)이라는 평가를 받은 현종도 악습에 한번 물들자 다시 돌아오지 못했습니다. 유비의 유언이 일리가 있지요?

되새기기

從	善	如	登		從	惡	如	崩
좇을 종	착할 선	같을 여	오를 등		좇을 종	악할 악	같을 여	무너질 붕

莫	輕	小	善		以	爲	無	福
없을 막	가벼울 경	작을 소	착할 선		써 이	할 위	없을 무	복 복

水	滴	雖	微		漸	盈	大	器
물 수	물방울 적	비록 수	작을 미		점점 점	찰 영	큰 대	그릇 기

05

선행은 조건 없이

以千金, 報一飯之恩, 『사기』
以其身, 報一簞之恩. 『좌전』

(한나라 대장군 한신은) 천금으로 한 그릇 밥의 은혜를 갚았고, (진나라 용사 영첩)은 자기 몸을 바쳐 한 바구니 음식의 은혜를 갚았다.

작은 선행, 큰 대가: 한신과 영첩

어려움을 겪고 있는 사람에게는 작은 도움도 크게 느껴지는가 봅니다. 배고플 때의 밥 한 숟가락, 목마를 때의 물 한 모금은 무엇과도 비교할 수 없는 기쁨이지요. 그래서 선행 중의 으뜸은 못 먹는 사람들에게 음식을 베푸는 것이랍니다.

춘추 시대 진(晉)나라에는 조돈(趙盾)이라는 훌륭한 재상이 있었습니다. 불행히도 그가 모시던 임금 영공(靈公)은 포학하기 그지없는 사람이었지요. 그는 궁궐 누각에 앉아 새총으로 담 밖에 다니는 사람들을 맞히는 것이 취미였다고 합니다. 조돈이 영공에게 애원하고 부탁해도 영공은 나날이 조돈을 미워할 뿐이었습니다. 얼마나 미워했는지 언젠가는 조돈을 해칠 생각에 골몰하고 있었지요.

어느 날 조돈이 조회에 나갔더니 느닷없이 커다란 개가 달려들었습니다. 영공이 몰래 키운 암살 개였지요. 꼼짝없이 개에게 물릴 찰나에 어떤 사나이가 뛰어들어 그 개를 단칼에 베었습니다. 조돈은 깜짝 놀라 궁궐을 빠져나오며 물었습니다.

"그대는 누구신데 목숨을 걸고 나를 돕는가?"

"뽕나무 아래서 굶던 사람입니다."

이렇게 그 사나이가 싸우는 동안 조돈은 무사히 탈출할 수 있었습니다. 조돈과 그 사나이 사이에 무슨 일이 있었던 걸까요?

요전에 조돈이 시골을 돌아보고 있을 때였습니다. 어떤 젊은이가 뽕나무 아래서 너무 굶어 움직이지도 못한 채 앉아 있었습니다. 조돈이 딱해서 다가가 음식을 한 광주리 내주었습니다. 그런데 그 사나이는 음식을 먹으려 하지 않았어요.

"왜 드시지 않는가?"

"집에 늙으신 어머니께서 계십니다. 차마 저 혼자 먹을 수가 없습니다."

"우선 드시게. 내가 어머니 몫까지 챙겨 주겠네."

그제야 이 사나이는 밥을 먹기 시작했어요. 이 사나이의 이름은 영첩(靈輒)이었습니다. 그는 원래 뛰어난 용사였기에 나중에 영공의 호위 무사가 되었습니다. 그러다 영공이 조돈을 해치려 한다는 걸 알아차린 것이지요. 영첩이 한 광주리 음식의 은혜를 목숨으로 갚았다는 고사는 '일단지은(一簞之恩)'이라는 성어로 남아 있습니다. 선행의 힘은 이렇게 큽니다. 조돈은 한 광주리 밥으로 생명을 구한 것이지요.

이제 좀 더 유명한 사나이 한신(韓信)의 이야기를 들어 보겠습니다. 한신은 유방을 도와 한나라를 세운 장군입니다. 역발산기개세의 영웅 항우를 막다른 골목으로 몰아넣은 이가 바로 이 사람이지요.

한신은 젊었을 때 이른바 문제아였던가 봅니다. 가난한 평민 주제에 농사도 짓지 않고, 장사도 하지 않고 그저 남을 따라다니며 얻어먹었다고 합니다. 그러니 사람들은 한신을 다 피하려 했지요. 그런데도 한신은 항상 고개를 뻣뻣이 세우고 거리를 활보했습니다.

한때 한신은 어떤 하급 관리의 집에서 빌붙어 먹고 있었습니다. 하급 관리의 아내는 한신이 얄미워 못 참을 지경이었습니다. '흥. 일도 안 하는 주제에 여기를 자기 집처럼 여기는군.' 그러고는 꼼수를 부려 한신이 오기 전 이른 새벽에 이불 속에서 몰래 밥을 먹고는 치워 버렸습니다. 배가 고픈 한신은 물고기라도 잡을 생각으로 개울가로 나갔지요. 그런데 개울가에서 빨래하던 아낙네들 중에 마음씨 좋은 사람이 있었습니다. 그 아주머니는 한신의 몰골이 너무 딱해서 매일 한신에게 밥을 주었답니다. 한신은 수십 일간 밥을 얻어먹다가 아주머니께 진심으로 감사의 말씀을 올렸어요.

"고맙습니다. 언젠가는 꼭 이 은혜에 보답하겠습니다."

아주머니는 한신이 딱해 보였어요.

"젊은이, 사내가 자기 힘으로 먹고살지도 못하기에 딱해서 밥을 준 것인데 뭔 보답을 바라겠소."

한신은 과연 은혜를 갚았을까요? 한신은 성공한 후에 그 아주머니를 기어이 찾아서 금 1000냥으로 보답했습니다. 사람들은 한신의 배짱을 보고 놀랐지만, 모두 어려웠던 시절 동네 한량에게 수십 일 밥을 준 그 아주머니의 배짱은 더 놀라운 것이지요. 배고픈 시절의 밥 한 그릇은 금보다 훨씬 귀중했습니다. 그래서 한신이 은혜를 갚은 이야기는 '일반천금(一飯千金, 밥 한 그릇을 천금으로 갚다)', '일반지은(一飯之恩, 밥 한 그릇의 은혜)' 등의 성어로 남아 있습니다.

되새기기

以	千	金		報	一	飯	之	恩
써 이	일천 천	쇠 금		갚을 보	한 일	밥 반	갈 지	은혜 은

以	其	身		報	一	簞	之	恩
써 이	그 기	몸 신		갚을 보	한 일	소쿠리 단	갈 지	은혜 은

06

악한 일을 하고는 숨을 데가 없다

仰天而唾, 唾不至天. 『사십이장경』

"暮夜無知者乎? 天知地知, 我知子知,

何謂無知者?"『후한서』

하늘에다 침을 뱉어 보라. 침은 하늘에 닿지 않고 돌아올 것이다.

"어두운 밤이라 아는 사람이 없다고? 하늘이 알고 땅이 알며 내가 알고 그대가

아는데 어찌 아는 이가 없다고 하는가?"

양심은 알고 있다: 청백리 양진

보통 나쁜 일을 할 때 사람들은 주위를 두리번거립니다. 길에 누가 떨어뜨린 돈을 주울 때를 생각해 보세요. '누가 보았을까? 내가 가질까?' 하고 생각해 볼 수 있겠지요. 보통 사람들은 대개 남들이 모른다고 생각할 때 잘못을 저지릅니다. 과연 아무도 모를까요?

후한(後漢) 때 양진(楊震)이라는 청백리가 있었습니다. 양진이 동래라는 고을의 태수로 부임하던 차에 창읍이라는 도시에 들렀지요. 그날 밤에 어떤 사람이 슬그머니 찾아들었어요. 그 사람은 양진이 추천해서 창읍의 수령으로 벼슬에 오른 왕밀(王密)이라는 사람이었습니다. 그러니 두 사람 사이는 가까웠지요. 두 사람이 두런두런 이야기를 나누는데 왕밀이 품에서 뭔가를 꺼냈습니다. 보니 금 열 근이었어요. 전도유망한 신임 태수 양진에게 주는 일종의 뇌물이거나, 양진에 자신을 추천해 준 데 대한 감사의 표시겠지요. 그러나 백성들의 세금이 아니면 그 큰 돈이 어디서 나오겠어요? 양진은 그러지 말라고 타일렀습니다.

"옛 친구는 자네를 아는데, 자네는 왜 옛 친구를 아직도 모르는가?"

'자네는 뇌물을 줄 사람이 아니요, 나는 받을 사람이 아닌데 왜 그러는가?' 하는 은근한 질책이었지요. 그러자 왕밀이 대답합니다.

"밤이라 알 사람이 없습니다〔暮夜無知者〕."

그때 양진이 한 말이 바로 본문에 나오는 것이지요. 본문에는 신이 '땅'으로 수정되어 있어요.

"하늘이 알고 신이 알고 자네가 알고 내가 아네. 어찌 아는 이가 없다고 하시는가?"

왕밀은 부끄러워서 물러났습니다. 남이 몰라도 자기 양심은 아는 것이지요. 슬그머니 유혹이 찾아올 때 우리도 양진의 이야기를 떠올려 보아요.

되새기기

仰	天	而	唾		唾	不	至	天
우러를 앙	하늘 천	말 이을 이	침 타		침 타	아닐 부	이를 지	하늘 천

暮	夜	無	知	者	乎		
저물 모	밤 야	없을 무	알 지	놈 자	어조사 호		

天	知	地	知		我	知	子	知
하늘 천	알 지	땅 지	알 지		나 아	알 지	아들 자	알 지

何	謂	無	知	者			
어찌 하	이를 위	없을 무	알 지	놈 자			

뉘우치면 모든 악행은 없어진다

人前爲過, 後止不犯, 惡業盡滅, 如月雲消.『법구경』

梁上君子, 克己反善.『후한서』

사람이 전에 잘못을 했더라도 후에 멈추고 다시 저지르지 않으면, 마치 구름이
흩어지고 달이 다시 빛나듯이 과거 나쁜 행동의 흔적은 모두 사라진다.
양상군자(도둑)도 자신을 이기고 다시 착해졌느니라.

살인마의 참회: 앙굴리말라

'양상군자'란 '대들보 위의 군자'라는 뜻인데, 도둑을 가리킵니다. 어쩌다 그런 말이 생겼을까요? 『후한서(後漢書)』에 나오는 이야기랍니다.

昔者有盜, 夜入陳公之室, 止於梁上, 陳公陰見,
석 자 유 도   야 입 진 공 지 실   지 어 양 상   진 공 음 견

呼命子孫, 訓戒之曰, "不善之人, 未必本惡,
호 명 자 손   훈 계 지 왈   불 선 지 인   미 필 본 악

習以性成, 遂至於此, 梁上君子者是矣",
습 이 성 성   수 지 어 차   양 상 군 자 자 시 의

盜大驚, 自投於地, 叩頭謝罪. 公諭之曰,
도 대 경   자 투 어 지   고 두 사 죄   공 유 지 왈

"不似惡人, 克己反善", 然後遣絹二匹.
불 사 악 인   극 기 반 선   연 후 견 견 이 필

自是一縣無復盜竊.
자 시 일 현 무 부 도 절

옛날에 도둑이 있었다. 도둑은 한밤중에 진공(진식(陳寔))의 집에 들어와 대들보 위에 숨어 있었다. 진공이 몰래 그 모습을 보고는 모른 척하고 자손들을 불러 훈계했다.

"지금 착하지 못한 사람이라도 그 본성이 꼭 악한 것은 아니다. 나쁜 습관이 쌓여 성격이 되고, 결국 나쁜 사람에 이른 것이다. 대들보 위의 군자가 바로 그런 사람이다."

그러자 도둑은 크게 놀라서 스스로 땅에 내려와 머리를 조아리고 죄를 빌었다. 진공이 타일러 말했다.

"보아하니 나쁜 사람은 아닌 것 같소이다. 자신을 이기고 착한 사람으로 돌아

가시오."

그러고는 비단 두 필을 주어 보냈다. 그 후로 진식이 다스리는 고을에서는 다시 도둑질을 하는 사람이 한 명도 없었다.

잘못을 저지른 사람은 분명히 개과천선(改過遷善)해야겠지요. 그러나 주위 사람들도 할 일이 있습니다. 무턱대고 그 사람을 비난해서 용기를 잃게 하는 대신 격려해 주는 것입니다. 진식이라는 사람은 얼마나 속이 깊은지요. 진식이 당장 "도둑이다. 저놈 잡아라." 하고 소란을 피웠으면 대들보 위의 도둑이 개과천선했을까요?

한편 지난날의 잘못을 고쳐 착하게 바뀌었는데도 '옛날에 나쁜 짓을 했던 사람'이라고 낙인 찍으면 그 사람은 다시금 용기를 잃기도 합니다. 불교 경전 『맛지마니까야〔中部〕』에 나오는 '진짜 나쁜 사나이'의 개과천선 이야기를 한번 볼까요?

옛날 코살라국에 앙굴리말라라는 희대의 산적이 살았다고 합니다. 얼마나 끔찍한 악당인지 그는 무고한 사람들을 죽여 손가락으로 목걸이를 만들어 걸고 다녔지요. 석가모니도 이 사람의 악명을 들었습니다. 그리고 어느 날 그를 만나러 떠납니다. 석가모니가 길을 떠날 때 길가에 있는 모든 사람들이 말렸어요.

"수행자여, 그곳으로 가지 마십시오. 앙굴리말라가 있는 곳입니다. 그자는 생명에 대한 자비가 없는 이입니다. 쉰 사람이 함께 가도 그자에게 죽고 말 것입니다."

만나는 사람마다 말렸지만 석가모니는 묵묵히 앞으로 걸어갔습니다. 앙굴리말라는 숲속에서 석가모니가 지나가는 것을 보고 있었어요.

"동료도 없이 내 소굴로 들어오다니. 내가 어찌 고이 보내 줄 수 있으랴."

앙굴리말라가 칼을 들고 석가모니를 따라갔습니다. 그런데 어쩐 일인지 아무리 달려도 느릿느릿 걷고 있는 석가모니를 잡을 수가 없었어요. 결국 멈춰서 소리를 질렀습니다.

"거기 멈춰라. 거기 멈춰라."

석가모니는 여전히 걸어가며 말했어요.

"앙굴리말라, 나는 멈췄다. 그대도 멈춰라."

앙굴리말라는 의아했어요. '걸어가면서 멈췄다고 하다니.' 하지만 마음속에는 이미 변화가 일고 있었어요.

"수행자여, 그대는 가면서 '멈췄다.' 하고, 서 있는 나에게는 되레 '멈춰라.' 하는가?"

그때 석가모니가 다가와 말했습니다.

"앙굴리말라, 나는 이렇게 모든 살아 있는 것들에 대한 폭력을 멈췄다. 그런데 그대는 살아 있는 것들을 끊임없이 해치는구나. 그러니 나는 멈췄고 그대는 멈추지 않았다."

앙굴리말라는 평생 이런 말을 들어 본 적이 없었습니다. 그는 그 자리에서 석가모니에게 절을 하고는 개과천선을 약속했습니다. 이리하여 석가모니는 한때의 살인마를 제자로 데리고 다녔습니다.

석가모니의 제자가 된 앙굴리말라가 탁발을 하러 어느 마을에 들었을 때 사람들이 그를 알아보았습니다. 사람들은 몽둥이질을 하고 돌을 마구잡이로 던지며 앙굴리말라를 저주했지요.

"이 살인마 놈."

그날 앙굴리말라는 온몸이 피투성이가 되어 석가모니를 찾아갔습니다. 그때 석가모니가 나와 위로했어요.

"수행자야, 그대가 참아라. 그동안 저지른 잘못의 대가를 지금 받고 있는 것이다."

석가모니는 잘못의 대가를 치르는 것은 오히려 행복한 것이라고 격려했지요. 그러자 앙굴리말라는 다시 용기를 내고 시를 읊었습니다.

옛날의 악행을 오늘의 선행으로 덮고,

세상을 비추네, 구름을 벗어난 달처럼.

옛날에는 남을 해쳤지만 이제는 해치지 않네,
살인마는 새 이름을 얻었네, '아무도 해치지 않는 자.'

앙굴리말라는 그 후로 누구나 존경하는 선한 사람이 되었다고 합니다. 세상에 앙굴리말라와 같은 지독한 악행을 저지른 사람은 거의 없습니다. 그러니 용서받지 못할 사람도 없겠지요? 석가모니가 용서했기에 앙굴리말라는 새 사람이 되었습니다. 마치 구름을 벗어난 달처럼 말입니다.

되새기기

人	前	爲	過		後	止	不	犯
사람 인	앞 전	할 위	지날 과		뒤 후	그칠 지	아닐 불	범할 범

惡	業	盡	滅		如	月	雲	消
악할 악	업 업	다할 진	멸할 멸		같을 여	달 월	구름 운	사라질 소

梁	上	君	子		克	己	反	善
들보 양	위 상	임금 군	아들 자		이길 극	자기 기	돌이킬 반	착할 선

4

개성을 실현하고 선한 삶을 사는 기반

배움

——

學

사람이 뭇 짐승보다 뛰어난 점은 분명 지각 능력입니다. 율곡 이이가 초학자들을 위해 쓴 『격몽요결』의 첫 문장은 이렇습니다.

人生斯世, 非學問, 無以爲人.
인 생 사 세 비 학 문 무 이 위 인

사람이 이 세상에 태어나서, 학문이 아니고는 사람이 될 방도가 없다.

어찌 보면 당연한 일이 아닐까요? 학(學)은 배우는 것이요, 문(問)은 묻는 것입니다. 배우고 묻지 않으면 인간으로 살아가는 길을 어떻게 익힐 수 있겠습니까? 사람은 모두 훌륭한 자질을 타고나지만 홀로 자질을 실현할 수는 없습니다. 『정글북』에 나오는 모글리는 늑대들과 함께 자랐어도 인간의 모든 특성을 간직하고 있었지만 그것은 소설 속 이야기일 뿐, 실제로 어린 시절 늑대와 함께 살다 인간 세계로 돌아온 인도 소년은 끝내 인간 세계에 적응하지 못했다고 합니다.

이이의 말 중 위인(爲人)이란 바로 '사람 되기'이고, 그것은 온전한 사람으로서 살기 위한 도덕적인 특성뿐 아니라 온갖 삶의 기술들을 갖춘다는 것을 의미합니다. 언어를 그 예로 들 수 있겠지요. 밝혀진 바로는 인간만이 갖은 음을 조합하여 복잡한 뜻을 전달하는 언어를 구사한다고 합니다. 언어는 인간 사회 속에서 순수하게 후천적으로 습득하는 것이고, 언어의 규칙인 문법을 따르지 않으면 아무도 이해하지 못합니다. 인간의 삶은 언어의 삶입니다. 언어를 익히지 않으면 삶도 불가능한 것입니다.

나아가 언어 생활이 풍부하면 삶도 풍부해진다고 할 수 있겠지요. 인간은 이제 언어를 가지고 과학적인 방법을 고안하고 나날이 새로운 지식을 창조하고 있습니다. 인문과학이든 자연과학이든 결국 배우고 묻는 것(學問)에 머물지 않고 창조할 것을 요구하고 있습니다. 인문학 방면의 창조자를 흔히 작가(作家)라고 합니다. 작가란 글자 그대로 무엇인가를 만들어 내는 사람입니다. 자연과학 방면에서는 발명가 혹은 창시자라고 합니다. 그들은 모두 자기 방면에서 주어진 언어를 넘어 자신만의 언어를 창조해 낸 사람들입니다. 그렇게 만든 독창적인 언어를 다시 어떤 이가 배우고 묻고(學問), 그것을 기반으로 또 하나의 언어를 창조해 냅니다. 이것이 바로 학문의 발전이라는 것입니다.

선한 인간이 되기 위한 기본적인 기술에서 새로운 세계를 창조하는 일까지, 개인 모두가 자기 분야의 시인(詩人)이자 창시자가 되는 것이 삶의 목적이겠지요? 그 기반이 바로 배움입니다.

01

배움은 사람을 크고 넓고 바르게 한다

登泰山而小天下. 『맹자』

不識廬山眞面目, 只緣身在此山中. 「제서림벽」

(공자는) 태산의 꼭대기에 오르고 나서야 천하를 작다고 생각했다.

아름다운 여산의 진면목을 알지 못하는 것은, 산속에 있어서 전체를 볼 수 없기

때문이다.

玉不琢不成器, 人不學不知道. 『예기』

人非生而知之者, 木從繩則正. 『논어』, 『상서』

옥은 다듬지 않으면 기물이 될 수 없고, 사람은 배우지 않으면 길을 모른다.

사람이란 원래 태어나면서 아는 존재가 아니니, 굽은 나무라도 먹줄을 따라 깎

으면 바르게 된다.

정상에 서지 않으면 진면목을 모른다

'태산에 올라 천하를 작게 여기다.' 맹자가 공자의 행적을 묘사한 말입니다. 학문이란 어느 정도 경지에 올라야 비로소 식견을 가질 수 있다는 뜻입니다.

그럼 공자가 어느 정도의 지식을 가지고 있었을까요? 중국에서 가장 오래된 역사책인 『국어(國語)』에 공자의 유식함에 사람들이 감탄하는 내용이 등장합니다. 그는 고대의 책들을 닥치는 대로 읽어서 모르는 것이 없었기에 사람들은 신기한 것만 나타나면 공자를 찾아가서 물었다고 합니다. 땅을 파다가 항아리가 나와도 가서 묻고, 화석을 발견해도 묻는 식이었지요. 급기야 공자는 국제적인 '걸어 다니는 도서관'이 되었습니다. 한번은 오나라 사신이 와서 엄청나게 큰 뼈다귀를 발견한 이야기를 들려주었습니다. 그런데 그 뼈의 주인공을 알지 못해 공자에게 물었지요.

"어떻게 뼈가 이렇게 클 수가 있습니까?"

그러자 공자가 이렇게 대답했다고 합니다.

"이것은 방풍씨의 뼈입니니다. 저는 이렇게 들었습니다. 옛날 우임금께서 회계산에서 여러 신들을 소집할 때 방풍씨가 지각을 해서 벌을 받았다고 합니다. 그 방풍씨의 뼈마디가 수레처럼 길었다고 하니, 그래서 이 뼈가 그렇게 클 겁니다."

사람들은 모두 공자의 지식에 탄복했지만, 공자 자신은 제자들에게 이런 고백을 했습니다.

"나는 태어나면서 아는 사람이 아니다〔我非生而知之者〕. 옛것을 좋아하고 열심히 배웠을 뿐이다."

배움의 미묘함 대해 송나라 시인 소식(蘇軾, 소동파(蘇東坡))은 이렇게 노래하기도 했습니다. 칠언절구 시는 네 자 세 자로 끊어 읽으면 됩니다.

「제서림벽(題西林壁)」

橫看成嶺側成峰
횡 간 성 령 측 성 봉

遠近高低各不同
원 근 고 저 각 부 동

不識廬山眞面目
불 식 여 산 진 면 목

只緣身在此山中
지 연 신 재 차 산 중

가로로 보면 등성이더니, 곁에서 보매 봉우리일세,

거리와 높낮이에 따라 모양이 각각 달라지네.

여산의 진면목을 알지 못하는 것은,

다만 내 몸이 이 산중에 있기 때문이지.

여산은 중국 강서성(江西省, 장시 성)에 있는 아름다운 산입니다. 중턱에서 본 모습은 전체의 아주 일부일 것입니다. 가장 높은 곳에 올라야 여산의 진짜 모습이 다 보이겠지요.

되새기기

登	泰	山	而	小	天	下		
오를 등	클 태	메 산	말 이을 이	작을 소	하늘 천	아래 하		

不	識	廬	山	眞	面	目		
아닐 불	알 식	농막집 여	메 산	참 진	낯 면	눈 목		

只	緣	身	在	此	山	中		
다만 지	인연 연	몸 신	있을 재	이 차	메 산	가운데 중		

玉	不	琢	不	成	器			
구슬 옥	아닐 불	다듬을 탁	아닐 불	이룰 성	그릇 기			

人	不	學	不	知	道			
사람 인	아닐 불	배울 학	아닐 부	알 지	길 도			

人	非	生	而	知	之	者		
사람 인	아닐 비	날 생	말 이을 이	알 지	갈 지	놈 자		

木	從	繩	則	正				
나무 목	좇을 종	노끈 승 (먹줄 승)	곧 즉	바를 정				

02
배움의 시작은 무지를 인정하는 것

夫一人之知, 如滄海一粟.「적벽부」

井中之蛙, 不知大海,『후한서』

盲人摸象, 不知全貌, 夏蟲不可以語於氷.『열반경』,『장자』

대저 한 사람의 지식이란, 큰 바다에 떠 있는 곡식 한 톨과 같다.

우물 안의 개구리는 큰 바다가 있는지 모르고, 맹인은 코끼리를 만져도 그 전모를 모르며, 매미는 얼음에 대해 말하지 못한다.

雖有嘉肴, 弗食不知其味.

學然後知不足, 知不足然後能自反.『예기』

맛있는 요리가 있어도 먹어 보지 않으면 그 맛을 알 수 없다.

(사람은) 배운 후에야 자신의 부족함을 알고, 부족함을 안 후에 반성할 수 있다.

知之爲知之, 不知爲不知, 是知也.『논어』

아는 것을 안다고 여기고 모르는 것은 모른다고 여기는 것, 이것이 바로 아는 것이다.

배우지 않으면 아집에 빠진다: 맹인모상

지식의 바다에서 우리는 얼마만큼 배워야 할까요? 배움은 꼭 필요한 것일까요? 옛날 인도의 어떤 왕은 널리 배우지 않고 자기 주장만 하는 것의 위험성을 알고 있었습니다.

『열반경(涅槃經)』에 이런 이야기가 있습니다. 어느 왕이 코끼리를 한 마리 데려다 놓고 여러 맹인들을 불렀답니다. 맹인들이니 손으로 만져서 어떤 것인지 파악했겠지요. 먼저 왕이 묻습니다.

"여러분, 코끼리가 어떤 것인지 알겠습니까?"

"이제 코끼리가 어떤 것인지 알겠습니다."

"그래, 코끼리는 어떻게 생겼습니까?"

상아를 만진 사람이 말합니다.

"왕이시여, 코끼리는 무같이 생겼군요."

귀를 만진 사람이 말합니다.

"아, 코끼리는 곡식을 까부는 키같이 생겼습니다."

머리를 만진 사람이 말합니다.

"커다란 돌덩이 같군요."

코를 만진 사람이 말합니다.

"음, 코끼리는 커다란 절구공이 같이 생겼군요."

다리를 만진 사람은 이렇게 말합니다.

"음, 나무 절구군요."

널따란 등을 만진 사람은 이렇게 말했지요.

"코끼리는 평상 같은 거네요."

배를 만진 사람은 이렇게 말했고요.

"큰 독처럼 보이네요."

꼬리를 만진 사람은 이렇게 대답했습니다.

"코끼리는 끈 같은 거네요."

그러고는 와글와글 자기의 의견이 옳다고 싸우더랍니다. 적게 알수록 더 용감하지만 또한 더 위험하지요. 무인 줄 알고 상아를 뒤흔들다가 코끼리가 화를 내면 어떻게 될까요?

이렇게 얕은 지식으로 사물의 전모를 예단하는 사람을 흔히 우물 안 개구리라고 하지요? 중국에서는 여름 벌레라고도 한답니다. 모두『장자』에 나오는 이야기입니다. 장자가 우물 안 개구리와 여름 벌레 이야기를 한 이유는 뭘까요? 전체 구절을 해석하면 이렇답니다.

> 우물 안의 개구리가 바다에 대해 말할 수 없는 까닭은 그 좁은 공간에 갇혀 있기 때문이고, 매미(여름 벌레)가 얼음에 대해 말하지 못하는 것은 그가 짧은 생애의 틀에 갇혀 있기 때문이며, 편협한(비뚤어진) 선비〔曲士〕가 도를 말하지 못하는 것은 (그동안 자기가 들은 좁은) 가르침에 묶여 있기 때문이다. 지금 강 어귀를 나서 바다를 본 후에야 그대는 자기가 작고 못난 것을 알 것이고, 비로소 그대와 더불어 큰 도리를 이야기할 수 있다〔今爾出於崖涘觀於大海, 乃知爾丑, 爾將可與語大理矣〕.

장자가 하는 말은 참으로 일리가 있습니다. 장자가 살던 당시는 이른바 전국 시대인데, 나라와 나라가 서로 싸우느라 백성들이 흘린 피로 강이 막힐 지경이었다고 합니다. 그 당시 선비란 사람들은 자기 나라를 강하게 만들어 남의 나라를 꺾으려고만 했지요. 장자는 그런 선비들을 큰 도둑(침략국)을 돕는 작은 도둑에 불과하다고 비난했습니다. 장자는 철저한 반전·평화주의자였거든요. 장자는 인류의 장대한 역사와 자연의 이치에 비추어 인간사의 문제를 해결하고자 했습니다. 그의 학문은 오늘날 동양 사상의 한 축을 이루어 높은 평가를 받지만, 당시 선비들은 알아주지 않았습니다. 그래서 장자는 광활한 바다(자연)와 기나긴 시간(인류의 역사)에 비추어 편협한 이들을 일깨워 주려고 했던 것이지요. 오늘날, 특히 인문학 분야에서 장자의 일침은 더욱 귀중합니다. 일제 시대 사무라이(武士)라는 자들은 시도 짓고 글도 읽는 이들이었지만, "일본제국 천황폐하 만세."라며 외국 사람들을 죽였습니다. 이들이 바로 우물 안 개구리나 여름철 매미처럼 국가와 국사의 틀에 갇혀 인류에게 크나큰 해를 끼쳤지요.

그래서 오늘날도 넓은 학문의 세계에 들어가 광대한 진리를 추구하는 이들의 포부를 "높은 산에 올라 푸른 바다를 바라본다(登高山觀滄海)."라는 구절로 표현하곤 합니다.

되새기기

夫	一	人	之	知				
지아비 부 (무릇 부)	한 일	사람 인	갈 지	알 지				

如	滄	海	一	粟				
같을 여	큰 바다 창	바다 해	한 일	조 속 (낟알 속)				

井	中	之	蛙		不	知	大	海
우물 정	가운데 중	갈 지	개구리 와		아닐 부	알 지	큰 대	바다 해

盲	人	摸	象		不	知	全	貌
소경 맹	사람 인	본뜰 모 (만질 모)	코끼리 상		아닐 부	알 지	온전할 전	모양 모

夏	蟲	不	可	以	語	於	氷	
여름 하	벌레 충	아닐 불	옳을 가	써 이	말씀 어	어조사 어	얼음 빙	

雖	有	嘉	肴					
비록 수	있을 유	아름다울 가	안주 효					

弗	食	不	知	其	味			
아닐 불	먹을 식	아닐 부	알 지	그 기	맛 미			

學	然	後	知	不	足			
배울 학	그럴 연	뒤 후	알 지	아닐 부	발 족 (넉넉할 족)			

知	不	足	然	後	能	自	反	
알 지	아닐 부	발 족	그럴 연	뒤 후	능할 능	스스로 자	돌이킬 반	

知	之	爲	知	之				
알 지	갈 지	할 위	알 지	갈 지				

不	知	爲	不	知		是	知	也
아닐 부	알 지	할 위	아닐 부	알 지		옳을 시	알 지	어조사 야

건강한 마음은 배움의 바탕

樂者爲同, 禮者爲異, 仁近於樂, 義近於禮.『예기』

『詩』三百, 一言以蔽之, 曰思無邪.『논어』

음악은 함께하자는 것이요, 예는 구분을 두자는 것이다. 인은 음악에 가깝고, 의는 예에 가깝다.

『시(시경)』300수를 한마디로 표현하자면, 생각에 삿됨이 없다고 하겠다.

마음을 기르는 것

공자는 『논어』에서 "시를 통해 일어나고, 예를 통해 바로 서며, 악을 통해 완성된다〔興於詩, 立於禮, 成於樂〕."라고 했습니다. 시를 통해 일으키는 것은 시작하는 마음입니다. 그것은 이성 이전의 감정이지요. 그다음에 이성이 가미된 예를 통해 인간의 질서를 추구합니다. 그 질서는 다시 법이 아니라 음악으로 완성된다고 말합니다. 『예기』「악기」에 "음악은 화동(和同, 마음을 같게 함)이고 예는 질서다.", "화(和)는 사물을 기르는 것이고, 예는 구별하는 것이다.", "음악은 봄이고, 예는 가을이다." 등의 이야기가 나옵니다. 오늘날 기준으로 봐서도 전혀 고루하지 않습니다. 생각해 봐요. 애초에 만물이 없으면 구별은 불가능하고, 봄에 싹이 트지 않으면 가을의 결실은 없습니다. 다시 말해 화동이 질서보다 앞선다는 것이지요. 음악이 화합이고 화합은 사물을 보듬어 키우는 것이라면, 음악을 통해 성품을 풍부하게 하지 않고 예의를 포함한 인지 교육으로 들어갈 수는 없을 겁니다. 그래서 교육이란 먼저 자연스러운 감정을 기르는 것부터 시작합니다.

언어로 된 음악이 바로 시이지요. 그런데 오늘날 우리 교육은 시도 음악도 바로 보게 하지 않고 그저 시험에 출제될 문제로만 받아들이게 합니다. 그러니 애초에 시를 읽으며 '선하고 창조적인 사람이 되자'는 마음을 일으키지도 못하고, 음악을 음미하며 성품을 함양하고 행동을 반성할 기회를 가질 기회도 없습니다. 시와 예와 음악 중 처음과 끝을 버리고 그저 가운데의 예, 오늘날 기준으로는 실용 기술(기예(技藝))만 가르칩니다. 지식과 기술은 그 자체로 도덕성이 없습니다. 시와 음악이 거세된 메마른 정서로 획득한 지식과 기술을 어디에 쓸까요? 극단적인 경우 남을 해치는 데 쓰지는 않을까요?

아이들의 춤과 흥얼거림은 모두 자연스러운 감정이 드러난 것이니 함부로 막지 않아야겠습니다. 특히 시론(詩論)이 빠진 오늘날 인문 교육의 결과가 두렵습니다. 지금 당장 청년 이백(李白, 이태백(李太白))이 타향의 여관에서 읊은 시를 한번 읽어 볼까요?

「고요한 밤의 사념〔靜夜思〕」

床前明月光, 疑是地上霜.
상 전 명 월 광   의 시 지 상 상

擧頭望明月, 低頭思故鄉.
거 두 망 명 월   저 두 사 고 향

침상 머리의 달빛, 땅에 엉긴 서린가 했지
고개 들어 달을 보다, 고향 생각에 고개 떨구네

　공자가 『시경』의 시 300여 수를 평하면서 한 말이 바로 "생각에 삿됨이 없다."
라는 것이었습니다. 『시경』에 나오는 시들 중에는 당시 사대부들이 보기에 낯뜨
거운 노래도 있었건만 공자는 그것이 진솔하다고 말했습니다. 공자는 유학의 비
조답게 남녀의 유별을 강조하고 나라에 대한 충성을 강조했지요. 그런데 『시경』
에는 노루 고기를 가지고 청년이 구애하자 "강아지가 짖겠어요." 하며 걱정하는
처녀, "무슨 들짐승도 아닌데 허구한 날 들판에서 잠을 잔다." 불평하는 하급 병
사, "나라가 어떻게 되든 다시 싸움터로 가지 마요."라고 남편에게 애원하는 아내
의 이야기가 나옵니다. 모두 이른바 예의범절이니 멸사봉공이니 하는 구호와는
관계가 없는 보통 사람들이 이야기지요. 이런 진솔한 시를 버리지 않고 모아 '경
(經)'으로 편찬한 이가 바로 공자랍니다.
　청년 이백은 타향 땅에서 고향을 생각하듯이, 항상 마음의 근원을 파고들어 진
솔한 시를 썼습니다. 지금도 수많은 인문학도들이 끊임없이 이백을 따르고자 하
는 것도 그 진솔함 때문입니다. 배움은 꼭 어떤 지식을 습득하는 것을 말하지 않
습니다. 노래하고 춤추며 감정을 기르고 보듬는 것도 똑같이 귀한 배움입니다.

되새기기

樂	者	爲	同		禮	者	爲	異
노래 악	놈 자	할 위	한가지 동		예도 예	놈 자	할 위	다를 이

仁	近	於	樂		義	近	於	禮
어질 인	가까울 근	어조사 어	노래 악		옳을 의	가까울 근	어조사 어	예도 예

詩	三	百		一	言	以	蔽	之
시 시	석 삼	일백 백		한 일	말씀 언	써 이	덮을 폐	갈 지

曰	思	無	邪					
가로 왈	생각 사	없을 무	간사할 사					

온 세상이 스승이다

三人行, 必有我師, 問一得三, 下問不恥. 『논어』

三顧草廬, 如魚得水. 『삼국지』

세 사람이 길을 가면 반드시 나의 스승이 있고, 하나를 물으면 셋을 얻을 수 있으니 아랫사람에게 묻는 것을 부끄러워할 필요가 없다.

(촉한의 유비는 제갈량을 스승으로 모시고자) 세 번이나 초가집을 찾았는데, 마치 물고기가 물을 얻는 것같이 했다.

하찮은 이도 장기가 있다: 계명구도

『삼국지』의 영웅 유비(劉備)가 제갈량(諸葛亮)을 모시기 위해 자그마한 초가집을 세 번이나 찾았다는 이야기는 너무나 유명합니다. 아우인 관우(關羽)와 장비(張飛)가 유비의 지극정성이 못마땅해서 투덜거리자 유비는 "내가 제갈량을 얻는 것은 물고기가 물을 얻는 것과 같다."라고 대답했다고 합니다. 또 주나라 문왕은 늙은 낚시꾼 강태공을 찾아 강가로 가서 만나 보고는 "우리 부친께서 그토록 바라던 그분이시군요." 하고는 바로 모시고 갔다고 합니다.

제갈량이나 강태공은 모두 이름난 인재들이니 유비나 문왕이 선생으로 모시는 것은 이해가 됩니다. 그런데 세 사람이 길을 가면 그중 반드시 내 스승이 있다는 공자의 말은 무엇을 뜻하는 것일까요? 모든 사람이 나의 스승이라는 뜻이겠지요. 나보다 못난 사람, 혹은 어린 사람이라도 반드시 나보다 나은 면이 있는 법입니다. 전국 시대 중기 제(齊)나라의 실권자였던 맹상군(孟嘗君)은 좀도둑에게서도 배울 점이 있었나 봅니다. 『사기』에 나오는 이야기를 한번 볼까요.

맹상군은 왕의 인척으로 대단히 많은 식객을 거느리고 있었다고 합니다. 얼마나 많은지 3000명을 헤아렸는데, 이들을 다 먹이기도 쉽지 않았겠지요.

전국을 통일할 야망을 가진 진(秦)나라 소왕은 적국의 맹상군을 자기 편으로 만들든지, 아니면 끌어들여 죽이든지 할 음모를 세웠습니다. 그래서 제나라로 사자를 보내 맹상군을 초대했습니다. 강대한 진나라가 정식으로 사자를 보내 초청하니 맹상군은 가지 않을 도리가 없었습니다. 소왕은 맹상군을 불러 자기 편으로 만들려 했지만 맹상군은 조국을 버릴 사람이 아니었지요. 그래서 왕은 맹상군을 아예 제거하기로 마음먹었습니다. 맹상군은 왕의 의도를 알아차렸지만 달아날 방법이 없었습니다. 그런데 측근을 통해 왕이 어떤 첩의 말을 잘 듣는다는 것을 알아냈습니다.

그러니 일단 그녀에게 간청하는 수밖에 없었습니다. 그런데 그녀는 맹상군이

가지고 있던 여우 가죽 옷을 갖고 싶어 했습니다. 하지만 이를 어쩝니까? 그 옷을 이미 왕에게 선물로 바친 뒤였습니다. 그 많은 식객들은 어찌할 바를 모르고 발만 구르고 있었습니다. 그때 어떤 사람이 나섰습니다.

"제가 그 옷을 다시 찾아오겠습니다."

그 사람은 개 흉내를 내면서 좀도둑질을 하던 사람이었습니다. 그는 밤에 개로 위장하여 궁으로 들어가서 그 옷을 다시 훔쳐 왔습니다. 그 첩은 왕에게 맹상군을 보내 달라고 졸랐고 소왕도 허락을 했습니다. 그러나 왕은 사실 맹상군이 진나라 땅을 벗어나기 전에 길에서 몰래 죽일 생각이었어요.

맹상군은 부리나케 달아났지만 소왕이 보낸 사람들이 뒤쫓아 왔습니다. 한밤중에 국경에 도달하니 관문은 굳게 닫혀 있었습니다. 막 소왕이 보낸 추격병들이 따라잡을 찰나였지요. 진나라 법에 의하면 밤에는 관문을 닫도록 되어 있었습니다. 이때도 그 수많은 식객들이 어찌할 바를 몰라 발만 굴리고 있었습니다. 그때 또 어떤 사람이 나섰습니다. 그는 닭 울음소리를 기가 막히게 흉내 내는 사람이었습니다.

"꼬끼오~ 꼬끼오~." 정말 닭 같은 울음소리를 내자 여러 닭들이 덩달아 울어 댔습니다. 문지기는 새벽이 온 줄 알고 문을 열었고, 이리하여 맹상군은 진나라 땅을 무사히 빠져나왔습니다. 그러자 개 흉내 내는 좀도둑, 닭 울음소리를 내는 사람과 같이 있는 것을 부끄럽게 생각했던 수많은 식객들은 머쓱해졌지요. 이것이 바로 계명구도(鷄鳴狗盜)라는 고사입니다. 세상 누구에게도 배울 것은 있습니다.

되새기기

三	人	行		必	有	我	師	
석 삼	사람 인	다닐 행		반드시 필	있을 유	나 아	스승 사	

問	一	得	三		下	問	不	恥
물을 문	한 일	얻을 득	석 삼		아래 하	물을 문	아닐 불	부끄러울 치

三	顧	草	廬		如	魚	得	水
석 삼	돌아볼 고	풀 초	농막집 려		같을 여	물고기 어	얻을 득	물 수

05

초보자의 미덕은 담대함

不入虎穴不得虎子, 勝敗兵家之常事,
三折其肱, 知爲良醫.『후한서』,『구당서』,『좌전』
昔者, 楚王失弓, 不求而曰, "楚弓楚得, 人弓人得,
又何求焉".『설원』

호랑이 굴에 들어가지 않으면 호랑이 새끼를 얻을 수 없고, 이기고 지는 것은 병
가에서 흔히 있는 일이니, 팔이 세 번 부러져 본 후에야 비로소 좋은 의사가 되
는 법을 안다.

옛날 초나라 왕이 활을 잃고도 찾지 않으면서 말하길 "초나라 사람이 잃은 활
은 초나라 사람이 줍고 사람이 잃은 활은 사람이 주울 텐데 구태여 뭐하러 찾으
랴." 하였다.

초 공왕과 공자의 대범함: 초궁초득, 인궁인득

흔히 나이가 들면 겁이 많아진다고 합니다. 반면 어린아이들은 모험을 즐깁니다. 물론 낭떠러지에 떨어지면서도 겁을 낼 줄 모르면 위험하겠지요? 그래서 『사자소학』에도 '높은 곳에 올라가지 말고, 깊은 곳에 들어가지 말라'는 당부가 들어 있습니다.

그러나 아무런 행동도 하지 않고 결과를 바랄 수는 없겠지요? 건강을 크게 해칠 일이 아니라면 젊은이는 무엇이든 도전하는 편이 나은 것 같습니다. 실패는 성공의 어머니라는 말이 있듯이 처음부터 잘하는 사람은 없습니다. 실패의 경험을 통해 충분히 배우는 것이지요. 그래서 요즘엔 이 말을 바꾸어 '실패는 성장의 어머니'라고도 합니다. 실패하고 잃을 것을 먼저 생각하면 행동하기 어렵습니다. 일단 호랑이 굴에 들어가 봐야 무언가를 얻을 수도 있는 거겠지요.

'초나라 사람이 잃은 활은 초나라 사람이 줍는다.'라는 뜻의 초궁초득(楚弓楚得)은 『설원(說苑)』이라는 이야기 책에 나오는 유명한 일화에서 유래한 고사성어입니다.

초나라 공왕이 사냥을 나갔다가 활을 잃었답니다. 그러자 주변 신하들이 활을 찾자고 했지요. 그러나 공왕은 이렇게 대답했습니다.

"그만들 두게. 초나라 사람이 활을 잃었으니 초나라 사람이 줍겠지. 그러니 굳이 찾아서 무엇하겠나."

공자가 그 이야기를 듣고 이렇게 말했답니다.

"안타깝다, 그 대범하지 못함이. '사람이 잃었으니 사람이 찾겠지.' 해야지 하필 초나라를 말할 필요가 있을까."

공왕도 대범하지만 공자는 더 대범하지요? 실수를 좀처럼 용납하지 않는 요즈음 초궁초득의 자세는 더 중요합니다. 매번 1등만 하다 2등만 되어도 낙심하고 충격에서 벗어나지 못하는 '우등생'들도 있습니다. 공부를 해서 꼭 1등이 되지 못한

들 익힌 것이 어디에 가겠습니까? 모두 자기 몸에 떨어지는 것이지요.

되새기기

不	入	虎	穴	不	得	虎	子	
아닐 불	들 입	범 호	구멍 혈	아닐 부	얻을 득	범 호	아들 자	

勝	敗	兵	家	之	常	事	
이길 승	패할 패	병사 병	집 가	갈 지	항상 상	일 사	

三	折	其	肱		知	爲	良	醫
석 삼	꺾을 절	그 기	팔뚝 굉		알 지	할 위	어질 양	의원 의

昔	者		楚	王	失	弓	
예 석	놈 자		초나라 초	임금 왕	잃을 실	활 궁	

不	求	而	曰		楚	弓	楚	得
아닐 불	구할 구	말 이을 이	가로 왈		초나라 초	활 궁	초나라 초	얻을 득

人	弓	人	得		又	何	求	焉
사람 인	활 궁	사람 인	얻을 득		또 우	어찌 하	구할 구	어찌 언

06

배움은 바로 지금부터

少年易老學難成, 一寸光陰不可輕.「권학문」
盛年不重來, 歲月不待人.도연명 시

소년은 빨리 나이가 들고 학문은 이루기 어려우니, 일분일초라도 가벼이 할 수
가 없다.
젊은 시절은 다시 오지 않고, 세월은 사람을 기다려 주지 않는다.

소년은 쉬이 늙고 학문은 이루기 어렵다

배움에 일가를 이룬 사람들은 누누이 말합니다. "배움에는 때가 있다." 빨리 배움을 시작하라는 말이지요. 또 말합니다. 배움에는 끝이 없다. 나이가 들어도 계속해서 배우라는 뜻입니다. 송나라의 유학자 주희(朱熹)가 학문을 권하기 위해 읊은 시를 함께 읽어 볼까요. 글자가 쉽고 대구가 간결해서 충분히 욀 수도 있습니다.

少年易老學難成,
소 년 이 로 학 난 성

一寸光陰不可輕.
일 촌 광 음 불 가 경

未覺池塘春草夢,
미 각 지 당 춘 초 몽

階前梧葉已秋聲.
계 전 이 엽 이 추 성

소년은 쉬이 늙고 학문은 이루기 어려우니,

일분일초라도 가벼이 할 수 없어라.

연못 가 봄 풀은 아직도 꿈속인데,

계단 앞 오동 잎엔 벌써 가을 소리라네.

세 번째 구절은 도치(倒置)되어 있어요. 원래대로라면 '池塘春草未覺夢'이 되어야 합니다. 그런데 시의 음조를 살리려고 순서를 바꾼 것이지요. 광음(光陰)은 빛과 어둠이라는 뜻으로 원래는 낮과 밤을 말하는 것이었지만, 해와 달이 계속 바뀌는 현상 즉 시간을 뜻하게 되었습니다. 그래서 일촌광음은 아주 짧은 시간을 말합니다. 정말 시간은 눈 깜짝할 새에 지나가서 봄인가 하면 가을이 오니 차일피일(此日彼日) 공부를 미루지 말라는 뜻입니다.

도연명도 비슷한 이야기를 했어요. 그는 주희보다 한참 이전 사람이고, 성리학자가 아닌 시인인지라 훨씬 활달한 사람이지요. 그럼에도 그조차 배움의 시기를 강조합니다. 그가 쓴 잡시(雜詩, 딱히 제목을 붙이지 않은 시) 12수 중 첫 시에 이런 구절이 있어요.

盛年不重來, 一日難再晨
성 년 불 중 래   일 일 난 재 신

及時當勉勵, 歲月不待人
급 시 당 면 려   세 월 불 대 인

젊은 시절은 다시 오지 않고, 하루에 아침이 두 번 있기는 어려워라.

때에 맞춰 마땅히 힘쓸지니, 세월은 사람을 기다리지 않는다.

가장 세력이 왕성한 시기를 전성기(全盛期)라 하듯이 '성(盛)'은 왕성하다는 뜻입니다. 그래서 왕성한 시기(盛年)는 청장년기를 말하지요. 여름철 나무는 비를 맞으면 자라지만 가을이 되고 잎이 지면 물을 줘도 자라지 않지요. 인간의 인지 능력도 마찬가지입니다. 오늘날 과학적 실험에 의하면 학습 능력은 나이가 들수록 떨어진다고 하네요. 주희나 도연명의 당부는 허튼 말이 아니지요? 남은 생의 가장 젊고 어린 순간인 오늘 지금, 배움을 시작해 보세요.

되새기기

少	年	易	老	學	難	成		
적을 소	해 년	쉬울 이	늙을 로	배울 학	어려울 난	이룰 성		

一	寸	光	陰	不	可	輕		
한 일	마디 촌	빛 광	그늘 음	아닐 불	옳을 가	가벼울 경		

盛	年	不	重	來				
성할 성	해 년	아닐 부	무거울 중 (거듭할 중)	올 래				

歲	月	不	待	人				
해 세	달 월	아닐 부	기다릴 대	사람 인				

07

끈기의 열매

登高自卑, 千里行始於足下. 『장자』, 『노자』

水滴穿石, 愚公移山. 『열자』 외

大器晚成, 欲速不達, 速成不堅. 『노자』, 『논어』, 『소학』

切磋琢磨, 鐵杵磨鍼. 『시경』, 『방여승람』

높은 곳을 오를 때는 낮은 곳에서 출발하고 천 리 길도 한 걸음에서 시작한다.
물방울이 계속 떨어져서 돌에 구멍을 내고, 우직한 늙은이가 결국 산을 옮겼다.
큰 그릇은 천천히 만들어지니, 급히 가려 하면 오히려 도달하지 못하고, 급히 이
루어지면 견고하지 못하다.
(그러니) 절차탁마하면 쇠 절구공이를 갈아 바늘을 만들 수 있으리라.

꾸준하면 도약할 때가 온다: 우공이산과 철저마침

유학(儒學)에는 중요한 학습 개념이 두 가지 있습니다. 바로 확·충(擴充)이지요. 인간의 재질은 다르지만 누구나 공부를 통해 결점을 채우고[充] 지식을 넓히면[擴] 성인(聖人)이 될 수 있다고 합니다. 그래서 맹자는 "요순(堯舜)처럼 행동하면 바로 요순이다."라 말했습니다. 요순이란 유학자들이 최고의 성인으로 추앙하는 분들입니다. 오늘날 민주주의 사회에서 더욱 들어맞는 이야기인 것 같습니다.

어떤 늙은 사람의 집 앞에 산이 있어서 매일 그 산을 에둘러 다니는 것이 불편했습니다. 그래서 그는 아예 산을 옮기려고 흙을 파서 옮기기 시작했지요. 친구가 보니 안타깝기 그지없었습니다.

"여보게, 사람이 어떻게 산을 옮기겠나? 참 딱하네."

그러자 늙은이는 이렇게 대답했답니다.

"나야 늙었지. 그러나 내 아들이 있지 않은가? 아들의 아들, 그 아들까지 계속 옮기면 언젠가는 산이 평평해지겠지."

여기에서 '우직한 늙은이가 산을 옮겼다'는 우공이산(愚公移山)이라는 말이 생겨났습니다. 그런데 이 이야기에 반전이 있습니다. 사람이 어떻게 산을 옮기겠어요? 그런데 이 집안사람들이 허구한 날 산을 파 대니 산신령이 귀찮아서 죽을 지경이었어요. 그래서 옥황상제에게 하소연했다고 합니다.

"저 늙은이 때문에 잠도 잘 수가 없습니다. 좀 조치를 취해 주세요."

옥황상제가 보니 늙은이의 집념도 대견하고 산신령의 처지도 안쓰러웠지요. 그래서 하늘 나라의 장사를 보내 산을 옮겨 주었다고 합니다.

이 이야기의 의미는 이렇습니다. 꾸준히 계속해 나가다 보면 어느 순간 갑자기 도약의 순간이 찾아온다! 그 전까지는 기초를 철저히 쌓는 것이 중요하다는 것이지요. 대기만성(大器晚成), 속성불견(速成不堅)도 똑같은 이야기입니다.

이번에는 당나라의 시인 이백(이태백)의 이야기를 들어 볼까요? 이백은 그야말로 천재였지요. 천재니 다른 사람들보다 적게 노력해도 쉽게 깨쳤어요. 그래서 학문을 할 때도 좀 건성건성 했던 모양입니다. 그런 천재에게도 반성의 시간이 찾아왔어요. 『방여승람(方輿勝覽)』에 이런 이야기가 있습니다.

중국 아미산 근처 산중에서 이백은 공부를 하고 있었습니다. 그런데 역시 중간에 싫증이 났지요. 그래서 책을 버리고 산을 내려오는 중이었습니다. 계곡을 건너는데 어떤 할머니가 굵직한 쇠 절구공이를 갈고 있었어요. '뭘 하는 걸까?' 이백이 물었습니다.

"할머니 뭐 하세요?"

"응, 바늘을 만들려고."

순간 이백은 절구공이에 한 대 얻어맞은 듯한 충격을 받았습니다. 그리고 바로 다시 산으로 들어가서 책을 읽었다고 합니다. 그날 이백이 산으로 돌아갔기 때문에 오늘날 우리는 이백의 시를 읽을 수 있는 것이지요.

분명히 어리석은 사람도 노력하면 큰일을 이룰 수 있지만, 자질이 아무리 뛰어난 사람이라도 노력하지 않으면 아무것도 성취할 수 없습니다. 중국 역사상 가장 창조적인 시인으로 평가되는 이백도 배우고 익힌 후에 창조할 수 있었음을 기억해야겠습니다.

되새기기

登	高	自	卑				
오를 등	높을 고	스스로 자	낮을 비				

千	里	行	始	於	足	下	
일천 천	마을 리	다닐 행	처음 시	어조사 어	발 족	아래 하	

水	滴	穿	石		愚	公	移	山
물 수	물방울 적	뚫을 천	돌 석		어리석을 우	공평할 공	옮길 이	메 산

大	器	晚	成		欲	速	不	達
큰 대	그릇 기	늦을 만	이룰 성		하고자할 욕	빠를 속	아닐 부	통달할 달

速	成	不	堅				
빠를 속	이룰 성	아닐 불	굳을 견				

切	磋	琢	磨		鐵	杵	磨	鍼
끊을 절	갈 차	다듬을 탁	갈 마		쇠 철	공이 저	갈 마	침 침

08

몰입의 힘

達磨面壁九年, 孔子發憤忘食. 『육조단경』, 『논어』
精神一到何事不成? 金石爲開, 中石沒鏃. 『주자어류』, 『신서』, 『사기』
學問譬若掘井, 掘井九丈而不及泉, 猶爲棄井. 『맹자』

보리달마는 9년간 벽을 앞에 두고 수행하였고, 공자는 열심히 공부하느라 먹는 것도 잊었다.

정신을 집중하면 무슨 일인들 못 이룰 것인가? (활을 잘 쏘는 사람이 정신을 집중하여) 활을 쏘니 쇠와 돌이 갈라지고, 화살촉이 돌에 박혔다고 한다.

(그러니) 학문이란 비유하자면 우물을 파는 것과 같다. 비록 아홉 길을 파 내려갔다고 하더라도 물이 나오지 않는데 멈추면 기존의 수고는 버리는 것이나 마찬가지다.

이광이 화살로 바위를 꿰뚫다

보리달마는 남인도의 왕자인데 6세기 중국으로 선(禪, 디야나) 수행법을 들여온 사람입니다. 선 수행법의 핵심은 하나의 대상에 완전히 몰입하여 외부의 사물을 잊는 삼매(三昧, 사마디)라고 합니다. 삼매의 범어(梵語, 산스크리트 어) 원어인 '사마디'는 집중을 뜻합니다. 보리달마는 9년 동안 스스로 완벽한 집중을 실천한 후 불교의 정수를 깨달았다고 합니다. 그래서 흔히 고도의 집중과 끈기를 빗대 '면벽구년' 혹은 '구년면벽'이란 표현을 씁니다.

이제 공부를 할 때 끈기와 함께 빼놓을 수 없는 집중력에 관한 이야기를 해 볼게요. 활을 쏘니 돌이 갈라지고〔金石爲開〕, 돌에 명중하니 화살촉이 돌에 박혀 있었다〔中石沒鏃〕는 이야기는 초나라의 명궁 웅거자(熊渠子)와 한나라의 명궁 이광(李廣)의 이야기입니다.

어느 날 웅거자가 밤길을 가고 있는데 앞에 시커먼 물체가 움직였어요. 웅거자는 호랑이라 생각하고 화살을 날렸지요. 호랑이는 명궁의 화살을 피하지 못하고 꼼짝도 하지 않았어요. 그래서 다가가 보았더니 사실은 커다란 바위를 호랑이로 잘못 본 것이었어요. 그런데 그 화살은 돌에 푹 박혀 있었지요.

한편 이광은 사냥을 할 때 호랑이를 보았어요. 이광은 말 위에서 활을 쏘는 데는 누구도 따를 수 없는 사람이었어요. 화살은 바로 날아가 호랑이를 명중시켰겠지요. 이광이 말에서 내려 호랑이 곁으로 가니 호랑이가 아니라 호랑이 같은 바위였어요. 그런데 놀랍게도 화살촉이 바위에 박혀 있었어요. 이광은 이 일로 놀라서 또 바위를 향해 화살을 날려 보았지만 번번이 화살촉이 문드러졌다고 합니다.

우리는 자주 몰입(沒入)이라는 말을 쓰는데, 글자 그대로 빠져든다는 말입니다. 웅거자와 이광의 화살촉은 바위로 몰입했지요. 자기가 살아남기 위해 온 정신을 집중해서 쐈기 때문입니다. 그런데 다시 시도할 때는 왜 실패했을까요? 목숨을 걸고 쏠 때와 시험 삼아 쏠 때는 집중도가 달랐던 것입니다.

맹자는 그래서 중간에 멈추지 말고 목표한 순간이 올 때까지 몰입하라고 말합니다. 우물을 파는 것은 어렵지만 물이 뿜어져 나오면 달콤한 물을 매일 먹을 수 있습니다.

되새기기

達	磨	面	壁	九	年			
통달할 달	갈 마	낯 면 (대할 면)	벽 벽	아홉 구	해 년			

孔	子	發	憤	忘	食			
구멍 공	아들 자	필 발	분할 분	잊을 망	먹을 식			

精	神	一	到	何	事	不	成	
정할 정	귀신 신	한 일	이를 도	어찌 하	일 사	아닐 불	이룰 성	

金	石	爲	開		中	石	沒	鏃
쇠 금	돌 석	할 위	열 개		가운데 중	돌 석	빠질 몰	화살촉 촉

學	問	譬	若	掘	井			
배울 학	물을 문	비유할 비	같을 약	팔 굴	우물 정			

掘	井	九	丈	而	不	及	泉	
팔 굴	우물 정	아홉 구	어른 장	말 이을 이	아닐 불	미칠 급	샘 천	

猶	爲	棄	井					
오히려 유	할 위	버릴 기	우물 정					

09

기세를 타고 임계점을 넘기면

學問始難終易, 若乘破竹之勢, 成之必矣. 『금고학고』, 『요사』
一葉知秋, 聞一知十. 『회남자』, 『논어』

학문이란 처음은 어렵지만 뒤로 갈수록 쉬워져서, 파죽지세를 타면 반드시 이
룰 수 있다. (그리하면) 낙엽 하나를 보고 가을이 오는 것을 알고, 하나를 들으면
열을 알 수 있다.

처음은 어려워도 끝은 쉽다: 파죽지세

저는 어릴 때 이런 고민을 했습니다. '도대체 이 공부는 언제 끝나는 거야.' 대학에 들어가기 전에는 '내일이 시험 치는 날이었으면 좋겠다.' 하고 생각하기도 했습니다. 차라리 빨리 끝내고 놀고 싶었으니까요. 또 한문 교과서에서 "배움은 물을 거슬러 올라가는 것과 같아서 나아가지 못하면 바로 뒤로 물러난다.〔學如逆水行舟, 不進則退〕"라는 구절을 보고는 지레 겁을 먹기도 했습니다.

그러나 옛날 진(晉)나라의 어떤 대학자는 고비를 넘기는 요령만 갖추면 공부나 일은 그렇게 어렵지 않다고 말합니다. 두예(杜預)라는 이름을 들어 보셨나요? 삼국 시대의 유비, 조조, 손권은 잘 알지만 이 사람의 이름은 생소할 것입니다. 그런데 이 두예라는 사람이 바로 삼국 시대를 끝내고 다시 통일 시대를 연 사람입니다. 그런데 학문에도 조예가 깊어서 『춘추좌씨전(春秋左氏傳)』에 주석을 달았지요. 당시 조정에서 두예가 건의하면 받아들여지지 않은 것이 없었다고 합니다. 그래서 흔히 중국의 10대 천재 중의 한 사람으로 불립니다.

두예는 유비가 세운 촉나라를 점령하는 싸움에 참가해서 공을 세웠습니다. 촉나라가 망하자 이제는 북쪽의 진(晉)나라와 손권의 후예들이 다스리는 오(吳)나라만 남았지요. 진나라는 조조의 위나라를 계승한 나라입니다. 두예는 이 진나라의 사령관으로 오나라를 정벌하는 싸움에 참가했습니다.

적벽대전에서 조조가 손권에게 패한 것을 아시지요? 오나라는 만만한 상대가 아니었습니다. 적벽대전 때와 마찬가지로 두예는 함대를 거느리고 오나라를 공략하고 있었는데, 그는 실력이 조조 이상이어서 싸울 때마다 이겼습니다. 마지막 일격을 가할 찰나에 신중한 참모들이 의견을 제시했습니다. 적벽대전의 패배가 생각났지요.

"장군, 이제 곧 봄이 옵니다. 강물이 넘치고 전염병이 돌면 위험합니다. 올해는 일단 철수하고 다음 해에 다시 공략하시지요."

그러자 두예가 이렇게 대답했습니다.

"안 되오. 지금 우리 군사들이 한참 기세를 떨치고 있는데 멈출 수 없소. 비유하자면 대나무를 쪼개는 것과 같소. 몇 마디만 쪼개면 나머지는 힘들이지 않아도 쫙 갈라지는 법이요."

이것이 바로 유명한 '파죽지세(破竹之勢)'라는 고사입니다.

우리는 평생 배워야 할지 모릅니다. 그러나 평생 배움이 처음처럼 어려운 것은 아닙니다. 위나라가 오나라를 평정한 후 싸움이 끝났듯이 공부도 어느 순간에는 편해진다고 합니다. 저는 두예가 주석을 단 『춘추좌씨전』을 자주 읽는데 항상 그의 탁견에 감복합니다. '하나를 들으면 열을 아는(聞一知十)' 수준이 아니면 불가능한 경지라는 생각이 들었습니다. 두예 또한 파죽지세를 타고 문일지십을 이룬 것이지요.

불교 용어에 '다시 뒤로 구르지 않는다'는 뜻의 '불퇴전(不退轉)'이라는 말이 있습니다. 수레를 끌고 언덕을 오를 때는 계속 힘을 줘야 하지만, 고갯마루에 올라 내리막길에 접어들면 힘을 주지 않아도 스스로 굴러갑니다. 바로 불퇴전의 경지인 것이지요. 공부를 시작할 때, 파죽지세를 타고 달리면 불퇴전의 경지에 이를 것이라고 믿어 봐요.

되새기기

學	問	始	難	終	易			
배울 학	물을 문	처음 시	어려울 난	마칠 종	쉬울 이			

若	乘	破	竹	之	勢			
같을 약	탈 승	깨뜨릴 파	대 죽	갈 지	형세 세			

成	之	必	矣					
이룰 성	갈 지	반드시 필	어조사 의					

一	葉	知	秋		聞	一	知	十
한 일	잎 엽	알 지	가을 추		들을 문	한 일	알 지	열 십

10
맹목적인 믿음은 금물

理在事中, 實事求是.『논어전주문』,『후한서』

雩而雨, 何也? 無何也, 猶不雩而雨也.『순자』

以卵投石, 盡天下之卵, 其石猶是.『묵자』

이치는 사물 가운데 있으니, 학문을 할 때는 실제를 관찰하여 진리를 도출해야 한다.

기우제를 지내니 비가 왔다. 무슨 까닭인가? 아무 까닭도 아니다. 기우제를 지내지 않아도 비가 오는 것과 마찬가지다.

계란으로 바위를 치면, 온 세상의 계란을 다 던져도 바위는 꿈쩍도 하지 않는다.

자산과 묵자의 과학 정신

우리는 과학(科學)이라는 말을 흔히 쓰는데 정확히 무슨 뜻일까요? 과학은 실험을 통해 인과 관계를 증명하는 학문입니다. 동방의 고대인들이라고 다 미신에 빠져 있었던 것은 아닙니다. 고대인의 과학 정신을 계승하지 못한 후대인들의 잘못이 더 클지도 모릅니다.

기우제 이야기는 『순자』 「천론(天論)」에 나오는 너무나 유명한 이야기입니다. 우(雩)는 기우제를 지낸다는 뜻이고, 우(雨)는 동사로 비가 내린다는 뜻입니다. 한문에는 이렇게 명사인 동시에 동사인 단어들이 많아요. 예를 들어 설(雪)은 '눈'과 '눈이 내린다'는 두 가지 뜻이 있지요. 그렇다면 우를 기우(祈雨)로 바꾸어 '祈而雨'로 외어도 되겠지요. 이 구절은 많은 한문 문법을 포함하고 있으니 다시 한번 읽어 볼까요? 이 문장에서 하(何)는 까닭, 유(猶)는 같다는 뜻으로 쓰였습니다.

祈而雨, 何也? 無何也, 猶不祈而雨也.

기도를 했더니 비가 왔다. 무슨 까닭인가? (기도의 효험일까?) 그것은 아무 까닭(인과 관계)도 아니다. 기도를 하지 않아도 비가 온 경우와 같다.

이렇게 인과 관계를 정확히 밝힐 수 없는 믿음을 근거로 일을 처리하면 "결과가 나쁘다(凶)"고 지적합니다. 오늘날의 과학적인 태도와 완전히 일치하는 내용이지요.

이제 고대의 과학 사상가들의 면모를 살펴보겠습니다. 먼저 춘추 시대 정(鄭)나라의 명재상 자산(子産)의 과학 정신을 한번 엿볼까요?

자산이 정치를 할 때 정나라에 큰 화재가 나서 사람들이 불안에 떨었습니다. 마침 화재가 나기 직전 불을 주관하는 것으로 알려진 대화성(大火星)이라는 별자리를 혜성이 침입했습니다. 그때 사람들은 제사를 지내서 액땜을 해야 한다고 말했지요. 그러나 자산은 일언지하(一言之下)에 거부했습니다. 과연 불이 나자 어떤 사람들은 은근히 자산을 원망했지요.

그 후 사람들은 바람만 불면 불을 두려워했습니다. 이듬해 또 그 별이 저녁에 나타나고 바람이 거세게 불자 인근 나라들에서 또 불이 났습니다. 그러자 비조라는 사람이 보물을 써서 액땜을 해야 화재를 막을 수 있다고 장담했습니다.

"내 말대로 하지 않으면 또 불이 날 것이오."

그의 말에 정나라 사람들이 동요해서 제사를 지내려 했습니다. 이번에도 자산은 거부했습니다. 그러자 자산을 아끼는 사람이 간청했습니다.

"또 불이 나면 나라가 거의 망합니다. 나라를 구하는데 그깟 보물 따위 아낄 것이 있겠습니까?"

이에 자산이 대답했습니다.

"하늘의 이치란 사람이 다 알 수 없고, 우리는 사람의 이치만 압니다. 그자가 어찌 하늘의 이치를 안단 말입니까? 그냥 수다를 떠는 것뿐입니다. 우리는 그저 사람이 할 일만 하면 됩니다."

자산은 끝내 제사를 지내지 않았지요. 그런데 불이 또 났을까요? 물론 불은 다시 일어나지 않았습니다. 자산은 사람이 할 일, 즉 화재 예방에 최선을 다했기 때문이지요. '불씨가 없으면 불이 나지 않는다'는 것이 자산의 생각이었습니다.

전국 시대의 대사상가 묵자(墨子)의 이야기도 들어 볼까요?

묵자가 제나라를 향해 북쪽으로 가고 있었습니다. 그때 어떤 점쟁이가 나타나서 말했지요.

"오늘은 황제가 북방에서 검은 용을 죽인 날입니다. 선생에게 해당하는 색깔은 흑색입니다. 그러니 북방으로 가면 안 됩니다."

묵자는 그 말을 듣고도 그대로 북쪽으로 갔는데, 마침 큰비가 내려 치수라는 강을 건너지 못하고 돌아왔습니다. 그러자 그 점쟁이가 힐난했지요.

"내가 북쪽으로 가지 말라고 했는데 기어이 가더니 돌아오셨구려."

묵자는 이렇게 대답했답니다.

"물이 불어나니, 남쪽 사람들은 북쪽으로 가지 못하지만 북쪽 사람들도 남쪽으로 오지 못하는 건 마찬가지더군요. 게다가 운수가 백색에 해당하는 사람이나 흑색인 사람이나 다 똑같이 못 건너더이다. 이것은 어떻게 설명할 수 있소?

(점치는 법에 의하면) 어떤 날은 황제가 동쪽에서 청룡을 죽이고, 다음은 남쪽에서 붉은 용을 죽이고, 그다음은 서쪽에서 흰 용을 죽이고, 또 다음 날은 북쪽에서 검은 용을 죽였소. 그대의 말을 따르자면 세상 사람들이 제자리에서 꼼짝도 않아야 하는 것 아니오?"

그런 다음 묵자는 의미심장한 말을 던졌습니다.

"그대의 (허황된) 논리로 나의 논리를 공격하는 것은 계란으로 바위를 치는 것과 같소. 온 세상의 계란을 다 던져 보시오. 바위야 이처럼 그대로일 것이오.〔以其言非吾言者, 是猶以卵投石, 盡天下之卵, 其石猶是.〕"

이것이 이란투석(以卵投石) 즉 '계란으로 바위 치기'라는 고사입니다. 허황되고 맹목적인 믿음으로는 스스로 사고하는 사람의 논리를 이겨 낼 수 없습니다.

그럼 오늘날은 미신(迷信, 무턱대고 믿는 것)이 사라지고 과학이 자리를 잡았을까요? 그렇지 않습니다. 스스로 생각해 보지 않고 남의 말을 맹목적으로 반복하는 것은 미신이고, "너는 원래 안 돼." 따위의 말은 검증되지 않은 미래를 단정하는 비(非)과학의 표본입니다. 한문은 대략 옛날 문장이지만 과학적인 태도나 내용을 담고 있는 것들이 많습니다. 그러니 한문을 배운다고 비과학적인 것까지 용납해서는 안 되겠지요.

되새기기

理	在	事	中		實	事	求	是
다스릴 이	있을 재	일 사	가운데 중		열매 실	일 사	구할 구	옳을 시

雩	而	雨		何	也			
기우제 우	말 이을 이	비 우		어찌 하	어조사 야			

無	何	也						
없을 무	어찌 하	어조사 야						

猶	不	雩	而	雨	也			
오히려 유	아닐 불	기우제 우	말 이을 이	비 우	어조사 야			

以	卵	投	石					
써 이	알 란	던질 투	돌 석					

盡	天	下	之	卵				
다할 진	하늘 천	아래 하	갈 지	알 란				

其	石	猶	是					
그 기	돌 석	오히려 유	옳을 시					

11

배움에서 창조로

守株待免, 免不復來. 刻舟求劍, 不亦惑乎? 『한비자』, 『여씨춘추』

創意之才, 破天荒. 靑出於藍, 靑於藍. 『인간사화』 등, 『순자』

司馬溫公, 破甕救友, 世宗大王, 創制正音. 자작

그루터기를 지키고 앉아 토끼(가 와서 들이박고 죽기)를 기다린들 토끼는 다시
오지 않는다. 각주구검은 또한 어리석지 아니한가?
창의적인 인재는 천황(천지가 아직 열리지 않은 혼돈)을 깨뜨리고, 푸른색은 쪽
에서 나오지만 쪽보다 더 푸르다.
사마온공(사마광)은 항아리를 깨뜨려 친구를 구했고, 세종대왕은 (오랜 미망(迷
妄)을 깨고) 훈민정음을 창제했다.

세종대왕과 사마광의 창의력

배움의 목적은 무엇일까요? 온고지신(溫故知新)이라는 말이 있습니다. 옛것을 제대로 익혀서 새것을 안다는 말이지요. '온고'는 바로 배움을 말하고, 그 목적은 '지신'이었습니다. 앞에서 문일지십(聞一知十)이라는 말을 배웠습니다. 문(聞)이 옛것을 배우는 것이고, 지(知)는 '새로운 것을 안다', 즉 '미루어 안다〔推知〕'는 뜻입니다. 하지만 기존의 지식에 기반하여 새로운 것을 아는 것은 여전히 창조가 아닙니다. '지신'에서 더 나아가 '창신(創新, 새로운 것을 창조)'까지 나가야 배움은 완성된다고 하겠습니다.

예컨대 섭씨 0.1도에도 물은 얼지 않습니다. 그러나 갓 0도로 떨어지면 물은 얼기 시작합니다. 임계점(臨界占)을 넘으면 분명히 질적인 변화가 일어난다는 뜻입니다. 이 질적인 변화를 이해하면 거의 창조에 가까워진 것입니다. 반대로 끓는 물을 생각해 봐요. 누구나 열을 가하면 물이 더워지는 것을 압니다. 100도가 물이 기화되는 임계점이라는 것까지 알게 되겠지요. 여기서 더 나아가 물이 100도에서 증발할 때 방출하는 에너지를 이용하는 것이 바로 창조입니다. 인류 최고의 발명이라는 증기 기관(蒸氣機關)이 바로 그 예입니다.

과연 한문을 배우면서도 창신할 수 있을까요? 물론입니다. 창신은 오늘날만 일어난 것이 아니라, 어쩌면 질적인 변화는 과거에 더 많이 일어났을 수도 있습니다. 가장 큰 예가 문자가 아닐까요?

이제 창신을 실천한 두 사람을 한번 살펴보겠습니다. 먼저 우리나라의 세종대왕입니다. 그는 한글을 만든 목적을 이렇게 밝혔습니다.

國之語音, 異乎中國, 與文字不相流通,
국 지 어 음   이 호 중 국   여 문 자 불 상 류 통

故愚民有所欲言, 而終不得伸其情者多矣.
고 우 민 유 소 욕 언   이 종 부 득 신 기 정 자 다 의

予爲此憫然, 新制二十八字, 欲使人人易習,
여 위 이 민 연　신 제 이 십 팔 자　욕 사 인 인 이 습

便於日用耳.
편 어 일 용 이

우리나라 말이 중국과 달라서 문자로 서로 통하지 않는다. 이에 어린 백성이 말하고자 할 바 있어도 끝내 그 뜻을 오롯이 전달하지 못하는 이가 많으니라. 내가 이를 불쌍히 여겨 새로 스물여덟 글자를 만드니 사람마다 수시로 익혀서 나날이 편안히 쓰게 하고 싶을 따름이다.

세종대왕이 한글을 '창조〔新制〕'했습니다. 한글이 없다면 제가 이 글을 써서 여러분께 보여 드리지도 못했겠지요. 500여 년 전의 그 창조 덕분에 우리는 디지털 시대를 편안히 살고 있습니다. 그런데 창조가 쉬운 일은 아니었지요. 세종대왕이 오랫동안 연구를 거듭하며 어렵사리 새로운 글자를 만들어 냈지만 기존의 전통을 고수하려는 신하들의 반발도 거셌습니다.

그때 명망 있는 학자가 올린 상소가 『세종실록』에 고스란히 실려 있습니다. "우리는 개국 이래로 지극정성으로 중국을 섬겨 왔습니다. 새로 글자를 만들면 어떻게 중국의 제도를 본받고 중국을 사랑할 수 있겠습니까?" 이분은 더 나아가 "어떻게 중국의 문명을 버리고 오랑캐가 되려 하십니까?" 하고 통탄했습니다. 하지만 이분의 통탄과 달리 한글은 21세기 문명 중에서 더 빛나고 있지요. 이렇게 과거의 것은 무조건 옳다고 지키는 태도를 고사성어로 나타내면 바로 수주대토(守株待兔)요, 각주구검(刻舟求劍, 배 위에다 표시를 하고 강물에 빠뜨린 칼을 찾는다)이겠지요.

이번엔 송나라의 대역사가 사마광(司馬光)의 이야기를 볼까요? 사마광은 죽은 뒤 온국공(溫國公)에 봉해져 사마온공이라고도 불립니다.

사마광이 어릴 때 친구들과 숨바꼭질을 하고 있었습니다. 모두들 몰입해서 열심히 놀고 있었지요. 그런데 어떤 아이가 아무도 발견하지 못할 곳을 찾는 중에

커다란 독이 눈에 띄었어요. 그래서 기어올라 들어갔는데, 아뿔싸, 독에 물이 채워져 있었습니다.

풍덩! 커다란 독에 아이가 빠지자 숨바꼭질하던 아이들이 다 모여서 발을 동동 굴렀습니다. 어린아이들이 어떻게 물이 가득 든 큰 독을 기울일 수 있겠어요? 그 사이에 아이는 이미 숨이 막히고 있었습니다.

그때, 쾅! 어떤 아이가 돌로 독을 후려쳤어요. 독이 퍽 터지면서 물에 빠진 아이도 무사했지요. 돌로 독을 후려친 아이가 바로 사마광입니다.

훗날 사마광은 거의 300권에 달하는 『자치통감(資治通鑑)』이라는 방대한 역사책을 썼는데, 이 책은 세계 최대의 개인 저술 역사책입니다. 세종대왕도 『자치통감』을 읽는 데 푹 빠져 밤늦도록 잠을 이루지 못해 신하들이 걱정했다는 이야기가 실록에 남아 있기도 하지요.

그러고 보면 온고-지신-창신은 서로 고리처럼 엮여 있는 듯합니다. 사마광은 방대한 사료 정리를 통해 온고를 실천하고, 군데군데 기존의 관찬(官撰) 역사서에는 보이지 않는 수준 높은 평론을 추가했습니다. 이 평론이 바로 인문학적인 지신과 창신이겠지요. 세종대왕 역시 한문으로 된 중국의 역사서인 『자치통감』을 즐겨 읽었지만(바로 온고지신), 바로 한자의 약점을 간파하였고, 다시 우리 한반도 백성의 문제로 돌아와 훈민정음을 창제(바로 창신)하였습니다.

되새기기

守	株	待	兔		兔	不	復	來
지킬 수	그루 주	기다릴 대	토끼 토		토끼 토	아닐 불	다시 부	올 래

刻	舟	求	劍		不	亦	惑	乎
새길 각	배 주	구할 구	칼 검		아닐 불	또 역	미혹할 혹	어조사 호

創	意	之	才		破	天	荒	
비롯할 창	뜻 의	갈 지	재주 재		깨뜨릴 파	하늘 천	거칠 황	

靑	出	於	藍		靑	於	藍	
푸를 청	날 출	어조사 어	쪽 람		푸를 청	어조사 어	쪽 람	

司	馬	溫	公		破	甕	救	友
맡을 사	말 마	따뜻할 온	공평할 공		깨뜨릴 파	독 옹	구원할 구	벗 우

世	宗	大	王		創	制	正	音
인간 세	마루 종	큰 대	임금 왕		비롯할 창	지을 제	바를 정	소리 음

12

배움은 즐겁다

學而時習之, 不亦說乎?
知之者不如好之者, 好之者不如樂之者.『논어』
學不可以已, 旭日昇天, 刮目相對.『순자』,『삼국지』외

배우고 때로 익히면 또한 즐겁지 아니한가?
아는 사람은 좋아하는 사람보다 못하고, 좋아하는 사람은 즐기는 사람보다 못
하다.
배움을 멈출 수가 없으니, 아침의 해처럼 하늘에 떠오르면 사람들은 눈을 비비
고 다시 상대하게 될 것이다.

시냇물이 모여 강이 된다: 앙포후대

우리는 이제 배움의 길에 들어섰습니다. 이제 배움 부분을 정리하고 원대한 포부를 품기 위해 교육에 관한 훌륭한 문장 하나를 익혀 봐요.

춘추 시대 진(晉)나라의 훌륭한 임금 문공(文公)이 아들을 가르칠 선생님을 모시려 할 때의 일입니다. 학문은 양처보(陽處父)라는 사람이 뛰어났지요. 그래서 양처보를 선생으로 점 찍은 측근 서신(胥臣)을 불러서 물었습니다. "양처보가 훌륭한 선생이 되겠소?" 그런데 서신은 "잘 크는 것은 학생에게 달려 있지, 선생이 어찌할 수 있는 것이 아닙니다." 하며 좀 심드렁하게 대답했나 봅니다. 그러자 문공이 정색하고 물었지요.

"그럼 교육은 필요가 없는 것이오?"

서신이 답했어요.

"필요합니다. 사람은 태어날 때부터 배우는 것이니 배우지 않으면 바른길로 들어설 수 없습니다."

문공이 다시 물었습니다.

"그럼 선천적인 장애인도 배울 수 있소?"

"물론입니다. 그들이 잘할 수 있는 것을 가르치면 됩니다. 보지 못하는 이는 섬세한 청각이 필요한 음악을 배우고, 듣지 못하는 이는 예민한 시각이 필요한 불 지키는 일을 하면 됩니다."

그러고는 이어서 말했습니다.

"무릇 교육이란 그 사람의 소질을 개발하는 것입니다. 이를 물에 비유하자면, 물이 발원지를 나와 (여러 갈래의 물들과 합쳐지고, 결국 바다에 맞닿은) 하천의 포구에 도달해서 비로소 커지는 것과 같습니다."

이 말에서 포구를 맞은 후에야 커진다는 뜻의 앙포후대(昻浦後大)라는 성어가 생겨났습니다. '앙(昻)'은 좀 어려운 글자인데 '영(迎, 맞이하다)'과 같은 뜻입니다.

그래서 여러분은 영포후대(迎浦後大)로 외워도 좋아요.

이렇게 배움은 작은 것에서 시작합니다. 그러나 점점 더 많은 것을 받아들이고, 꾸준히 앞으로 나가다 보면 결국 넓은 강물이 되어 망망한 바다로 들어갈 수 있습니다.

되새기기

學	而	時	習	之				
배울 학	말 이을 이	때 시	익힐 습	갈 지				

不	亦	說	乎					
아닐 불	또 역	기뻐할 열	어조사 호					

知	之	者	不	如	好	之	者	
알 지	갈 지	놈 자	아닐 불	같을 여	좋을 호	갈 지	놈 자	

好	之	者	不	如	樂	之	者	
좋을 호	갈 지	놈 자	아닐 불	같을 여	즐거울 락	갈 지	놈 자	

學	不	可	以	已				
배울 학	아닐 불	옳을 가	써 이	이미 이				

旭	日	昇	天		刮	目	相	對
아침 해 욱	날 일	오를 승	하늘 천		긁을 괄	눈 목	서로 상	대할 대

5

뜻을 펼치고
더불어
행복하기

사회적 덕성

————

共

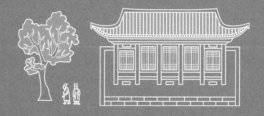

오늘날 민주주의나 세계화, 인류 공영이라는 말은 흔하게 듣습니다. 그러나 최근 몇 세기 동안 인류는 희망을 보여 주기도 했지만 어마어마한 절망을 안기기도 했습니다. 큰 나라가 작은 나라를, 어떤 인종이 다른 인종을, 특정 사회 집단이 다른 집단을 영구적으로 지배하려는 시도가 넘쳤고, 결국 두 번의 세계 대전을 겪었습니다. 우리는 남북 상잔의 6·25를 치렀고, 지금도 세계 방방에서 전쟁의 포성이 멈추지 않고 있습니다. 상대를 가리지 않는 극단적 테러 또한 만연해 있습니다.

안으로 고개를 돌리면 그저 권력이나 기교로 서열을 정하는 사회 구조 때문에 무수한 선량한 이들이 낙오자의 굴레를 쓰고 괴로워하고 있습니다. 해마다 얼마나 많은 청소년들이 미래를 단념하고, 심지어 생명을 포기하고 있는지요? 하늘을 뒤덮은 오염 물질은 우리 인간의 숨으로만 들어갈까요? 여름이면 썩은 물 속에서 가쁜 숨을 몰아쉬다 죽어 떠오르는 물고기 떼를 보는 것은 일상사가 되었습니다. 인간의 입으로 들어갈 운명으로 날 때부터 한 평 우리에서 먹고 배설하고 자야 하는 소는 어떤가요? 자연계와 그 속의 일체 생물을 무시한 채 오로지 인간의 목적만을 달성하고, 나아가 다른 인간을 저버리고 나만 잘살고자 하는 세상, 나만 앞서기 위해 편법을 마다하지 않는 세상에서 '선량한 낙오자'들이 설 곳은 어디일까요?

그런데 그 많은 선량한 낙오자들은 이런 혹독한 사회를 만드는 데 아무런 일조도 하지 않았을까요? 혹 성공자들을 부러워하고 모방하지는 않았는지요? 제2차 세계 대전 때 가미카제[神風]라는 일본 제국의 특공대가 있었습니다. 그들은 폭탄을 실은 비행기를 몰고 상대편 진영으로 달려들어 자폭했지요. 당시 일본의 언론은 물론 일제에 부역하던 조선인 지식인들도 그들을 찬양하며 환호했습니다. 하지만 그들이 일본 제국을 위해 충성한 것이 과연 인류에 대한 충성인가요? 덴노[天皇]를 위해 자폭한 것이 의로운 일일까요? 물론 그렇지 않습니다. 인간은 누구나 강력한 선의지를 통해 우리 인간 전체에게 가장 의로운 행동이 무엇인지 고민해야 합니다. 부끄러운 전쟁에 찬성할 수 없다고 외치지 못하고 국가의 명령이라면 꼭두각시처럼 따르며 아까운 목숨을 버린다면, 이것은 당사자는 물론 인류에게 용서받지 못할 죄를 짓는 것에 불과합니다. 그럼에도 그들은 왜 그런 죄를 지었을까요? 자기 몸의 주인이 되어 그 전쟁의 원인과 부당함을 생각하지 못하고, 그저 기계처럼 명령을 따르며 맹목적으로 남을 희생시키고 이기려 했기 때문이지요.

개인으로서 벗과 함께 살아가고 사회의 일원으로서 인류와 공존하는 기풍이 오늘날 민주의의·세계화 사회의 미풍양속(美風良俗) 아닐는지요? 옛글에 두 가지 경쟁이 나옵니다. 더 좋은 갑옷을 만들기 위한 경쟁과 더 좋은 화살을 만들기 위한 경쟁이지요. 맹자는 말합니다. 갑옷을 만드는 사람은 사람을 상하지 않게 하기 위해 노력하고 화살을 만드는 사람은 사람을 상하게 하기 위해 노력한다. 그러므로 우리는 갑옷을 만드는 사람이 되기 위해 노력해야 한다고요.

오늘날 자본주의 사회에서도 많은 사람들은 더 좋은 갑옷을 만들기 위해 경쟁합니다. 예를 들어 더 안전한 자동차, 인체와 자연에 무해한 세제, 장애인을 위한 소프트웨어 등이 모두 갑옷이지요. 그 경쟁의 이면에는 바로 세상을 더 좋게 만들자는 합의(合意)와 그 합의를 실천하기 위한 협력(協力)이 있습니다. 공존을 전제로 선의의 경쟁을 펼치되, 창은 물론 갑옷까지도 필요 없는 사회를 꿈꾸는 사회, 바로 더불어 행복한 사회입니다.

01
친구는 삶의 기쁨

有朋自遠方來, 不亦樂乎! 『논어』

管鮑之交, 水魚之交, 竹馬故友, 知己之友. 여러 출전

벗이 있어 먼 곳에서 찾아오니 또한 기쁘지 아니한가?

관중과 포숙의 사귐이 있었고, 물고기와 물 같은 사귐이 있으며, 어린 시절 대나
무 말을 타고 놀던 친구가 있고, 나의 전부를 알아주는 친구가 있다.

나를 알아주는 친구: 관포지교와 백아절현

우리 속담에 '친구 따라 강남 간다'는 말이 있습니다. 친구가 얼마나 좋기에 그 먼 길을 함께 가는 걸까요? 친구 좋아하기는 공자님도 마찬가지였나 봅니다.『논어』의 가장 첫 구절은 이것입니다.

學而時習之, 不亦悅乎.
학 이 시 습 지   불 역 열 호

有朋自遠方來, 不亦樂乎.
유 붕 자 원 방 래   불 역 락 호

배우고 때로 익히면 또한 기쁘지 아니한가? 벗이 있어 멀리서 찾아오면 또한 즐겁지 아니한가?

혈육은 선택할 수 없지만 친구는 선택할 수 있기에, 때로는 의기투합한 친구가 혈육보다 낫다고 말합니다. 친구를 사귀는 기쁨에서 사회생활은 시작되지요. 오늘날까지 중국 정치의 스승으로 존경받는 춘추 시대의 재상 관중(管仲)도 친구의 도움이 없었으면 역사책에 이름도 올리지 못했을 겁니다. 그 친구의 이름은 포숙(鮑叔). 그래서 세상에 둘도 없는 친구 사이를 '관중과 포숙의 사귐' 즉 관포지교(管鮑之交)라고 합니다. 사실 둘의 사이가 화기애애했던 것만은 아닙니다. 매번 자신을 속여 먹는 관중을 포숙이 감싸 주었지요.『관자(管子)』와『사기』에 나오는 관중의 고백을 들어 볼까요?

"옛날 내가 가난하던 때 포숙과 함께 장사를 했다. 이익이 나면 항상 내가 더 가지고 왔다. 그래도 포숙은 나를 욕심쟁이라고 하지 않았다. 내가 가난함을 알았기 때문이다."

또 이런 일도 있었습니다.

"내가 예전에 포숙에게 도움이 되라고 일을 꾸몄는데 오히려 상황이 더 나빠졌다. 그래도 포숙은 나를 멍청한 놈이라 하지 않았다. 사정이 여의치 않았다고 생각했기 때문이다."

더 심한 일도 있었네요.

"내가 일찍이 세 번 출사해서 세 번 다 임금에게 쫓겨났다. 그래도 포숙은 나를 못난이라 하지 않았다. 아직 내가 기회를 잡지 못했다고 생각했기 때문이다."

포숙은 도대체 어디까지 관중을 믿었던 걸까요?

"예전에 내가 전장에서 세 번 싸워서 세 번 다 달아났지만, 포숙은 나를 겁쟁이라고 하지 않았다. 그저 내게 늙은 어머니가 있기 때문이라고 생각했다."

그런데 운명의 장난인지 관중과 포숙은 각각 경쟁 관계에 있는 후계자들을 모시게 되었습니다. 권력 투쟁의 결과 포숙이 모신 사람이 관중이 모신 사람에게 승리했습니다. 그 승리자는 바로 춘추 시대 최고의 임금으로 존경받는 환공(桓公)입니다. 권력 투쟁이 벌어지던 당시 관중은 환공을 암살하려다 실패해서 사로잡혔습니다. 물론 처형당할 처지였지요. 그때 포숙이 나서서 환공에게 건의했습니다.

"우리 제(齊)나라를 잘 다스리고 싶으십니까? 그럼 저 하나로 충분합니다. 그러나 천하를 다스리고 싶으십니까? 그럼 반드시 관중을 쓰십시오."

이리하여 명재상 관중이 세상으로 나오게 되었습니다. 관중은 훗날 이렇게 고백했다고 합니다.

"나를 낳아 준 분은 부모님이지만, 진정 나를 알아준 이는 포숙이다."

그래서 '자신을 알아주는 이'라 하여 친한 친구를 지기(知己)라고 하지요.

그런가 하면 지기를 '지음(知音)'이라고 하기도 합니다. 지음은 음을 안다는 뜻입니다. 『열자(列子)』에 이런 이야기가 나옵니다. 옛날에 백아(伯牙)라는 사람이 살았는데 거문고를 무척 잘 탔다고 합니다. 하지만 그 실력을 제대로 알아보는 사람은 적었지요. 그런데 종자기(鍾子期)라는 친구만은 백아의 음악을 깊이 이해했습니다. 백아가 음악으로 높은 산을 노래하면 종자기는 "좋구나. 우뚝우뚝하니 태산 같구나.〔善哉. 峨峨兮若泰山.〕"하고, 백아가 흐르는 물을 묘사하면 "좋구나. 드넓게 굼실대니 강하 같구나.〔善哉. 洋洋兮若江河.〕"라 하였답니다.

이토록 음을 아는 친구였으니 서로 마음이 맞아 한 사람은 연주하고 한 사람은 들었겠지요. 그러던 어느 날 종자기가 먼저 세상을 떠나 버렸습니다. 그러자 백아는 애통해하며 말했습니다.

"이 세상에는 내 음을 알아주는 이〔知音〕가 다시는 없구나."

그러고는 거문고를 부수고 줄을 끊어 버렸답니다〔破琴絶絃〕. 이것이 '백아가 거문고 줄을 끊다'라는 백아절현(伯牙絶絃) 고사입니다.

우리는 이 이야기에서 크게 두 가지 의미를 얻을 수 있습니다. 먼저 자신을 알아주는 친구를 얻는 것이 인생에서 비할 바 없는 즐거움이라는 것이고, 또 하나는 사람은 남을 이해하고 그와 협력하여야만 높은 경지로 나갈 수 있다는 것입니다. 만약 종자기가 음악을 이해하는 재능을 버리고 백아와 거문고 타기 경쟁을 했다면 어떻게 되었을까요? 백아의 음악이 일취월장하고 종자기의 감식력이 더 커졌을까요? 모두가 똑같은 일을 할 수는 없겠지요. 친구는 자신을 알아주되 자신과 다르기 때문에 더 소중한 것이겠지요.

되새기기

有	朋	自	遠	方	來			
있을 유	벗 붕	스스로 자	멀 원	모 방	올 래			

不	亦	樂	乎					
아닐 불	또 역	즐거울 락	어조사 호					

管	鮑	之	交		水	魚	之	交
대롱 관	절인 물고기 포	갈 지	사귈 교		물 수	물고기 어	갈 지	사귈 교

竹	馬	故	友		知	己	之	友
대 죽	말 마	연고 고	벗 우		알 지	자기 기	갈 지	벗 우

02

선의의 경쟁과 협력

獨木不成林, 松茂柏悅. 「탄서부」

兔死狐悲, 同病相憐. 『송사』, 『오월춘추』

脣亡齒寒, 吳越同舟, 何必蝸牛角上爭? 『좌전』, 『장자』

勝則生怨, 負則自鄙, 無諍自安. 『법구경』

나무 한 그루는 숲을 이룰 수 없으매, 소나무가 무성하니 잣나무(측백나무)가
기뻐한다.

토끼가 죽으면 여우가 슬퍼하듯이, 같은 병이 있는 사람들은 서로 측은하게 여
긴다.

입술이 없어지면 이가 시리고, (원수지간인) 오나라 사람과 월나라 사람도 함께
배를 탄다. 그러니 어찌 달팽이 뿔 위에서 서로 다툴 것인가?

이기면 상대가 원망하고, 지면 자신이 초라해진다. (그러나) 싸우지 않는 이는
스스로 편안하다.

오직 남들보다 더 많이 가지는 것을 경쟁의 목적으로 삼는 사람들이 있습니다. 오죽하면 요즈음을 무한 경쟁 사회라고 부릅니다. 그러나 사람은 혼자 살 수가 없지요. 어떤 북미 인디언 부족은 재물이 많으면서도 아무도 돕지 않는 사람을 벌줄 때 그를 재물과 함께 집에 가두고는 누구도 만나지 못하게 하고 부족의 공유지를 밟지 못하게 한다고 한답니다. 재물이 많으니 먹는 것은 부족하지 않지만 얼마 지나지 않아 집 안은 오물로 가득 차겠지요. 그 사람이 견디지 못하고 나오면 모든 것을 용서한다고 합니다. 경쟁과 협력은 함께하는 것입니다. 오직 경쟁만으로 살아갈 수 없습니다. 또한 경쟁의 목적은 상대방을 넘어뜨리는 것이 아닙니다. 그래서 서로를 성장시키는 경쟁을 우리는 선의의 경쟁이라고 합니다.

자동차 회사를 예로 들어 볼까요? 여러 회사들이 경쟁하면서 더 좋은 차들이 나옵니다. 그렇지만 경쟁이 치열해질수록 협력의 중요성도 커집니다. 좋은 자동차가 만들어지기 위해서는 작은 기업들이 만드는 부품이 좋아야겠지요. 그래서 자동차 회사와 부품 회사는 협력해서 발전합니다. 큰 자동차 회사가 작은 부품 회사를 부당하게 대하면 좋은 자동차는 만들어지지 않습니다.

사회가 복잡해질수록 선의의 경쟁과 협력의 중요성은 더 커집니다. 선의의 경쟁의 기준은 명백합니다. 소나무가 크자 잣나무도 따라 커지는 것이지요. 다시 우리나라의 자동차 회사를 예로 들면, 넓은 세계 시장에서 큰 회사들과 경쟁하고 국내에서 작은 부품 회사들과 협력하는 것이 선의의 경쟁과 협력을 실천하는 것이라 할 수 있겠지요.

서로 싸우다가 엉뚱히 다른 이에게 어부지리(漁父之利)를 넘겨 주는 경우가 많습니다. 예를 들어 영양은 생각하지 않고 오직 굵은 사과를 만들기 위해 농부들이 열심히 농약을 뿌리면 농약이 묻은 사과를 소비자들이 먹겠지요. 농부들은 높은 생산비 때문에 이득이 없고, 소비자들은 농약을 많이 친 사과를 먹어서 손해일 테니, 막상 이득을 보는 이들은 농약 파는 사람일 겁니다. 특히 사회적 약자끼리 서로를 해치는 경쟁을 하는 경우가 가장 서글프지요. 다시 춘추 시대 역사의 현장으로 가서 약자끼리 서로 돕지 않은 예를 살펴볼까요. 『춘추좌씨전』에 나오는 이야기입니다.

춘추 시대 초기 신흥 강국 진(晉)나라의 임금 헌공(獻公)은 주위의 우(虞)나라와 괵(虢)나라가 탐났습니다. 그래서 먼저 우나라에 사자를 보냈습니다.

"괵나라를 치려 하니 길을 비켜 주시오."

그러자 우나라의 궁지기(宮之奇)라는 신하가 길을 내줘서는 안 된다고 주장했지요.

"안 됩니다. 지금 우리 나라가 속이라면 괵나라는 겉과 같습니다. 괵이 멸망하면 그다음 차례는 우리입니다. 속담에 뺨과 잇몸은 서로 의지하고〔輔車相依〕 입술이 없으면 이가 시리다〔脣亡齒寒〕고 합니다. 절대 비켜 주어서는 안 됩니다."

그러나 우나라 군주는 충간을 듣지 않고 길을 빌려 주었습니다. 남의 나라 사정이야 자기가 알 바 아니라고 생각했던 것이지요. 그래서 진나라는 힘들이지 않고 괵나라를 쳐서 얻었습니다. 괵나라 다음 차례는 누구일까요? 물론 우나라였지요.

오월동주(吳越同舟)나 토사호비(兎死狐悲)도 비슷한 말입니다. 본문의 한자 오(吳)와 월(越)은 나라 이름으로 쓰였습니다. 2500년 전 중국 춘추 시대의 오나라와 월나라는 서로 앙숙이라 끝없이 싸웠다고 합니다. 그래서 원수지간을 흔히 '오나라와 월나라 사이'라고 합니다. 배 안에서 두 나라 사람이 만나면 당연히 싸우겠지요. 그러나 풍랑이 올 때도 둘이 힘을 합치지 않고 다투면 살아날 수 있을까요? 토사호비는 '무서운 호랑이가 토끼를 잡아먹었는데 여우라고 안전할 수 있겠느냐'는 말입니다.

우나라가 망한 것은 당연합니다. 극한 외부 환경에 노출될수록 약한 이들끼리는 서로 힘을 합쳐야 하는데 오히려 서로 외면했으니 당하는 것도 당연했지요. 우나라 임금 같이 약자끼리 서로 악의의 경쟁을 하는 것을 두고 달팽이 뿔 위에서 서로 싸운다(蝸牛角上爭)고 합니다. 서로 잃기만 하는 무의미한 싸움이지요. 지금 경쟁에 몰두하고 있다면 선의의 경쟁인지 돌아보세요. 소나무가 무성하니 잣나무가 기뻐하는 격인가요? 혹시 달팽이 뿔 위에서 입술과 입끼리 싸우고 있지는 않나요?

가끔 시너지 효과, 질적(質的) 도약(跳躍)이라는 말을 듣습니다. 부분들을 모았더니 물리적인 무더기가 아니라 화학적인 변화가 일어나 완전히 새로운 창조물이 생기는 경우를 말합니다. 마치 수소와 산소가 만나 물이 되는 경우처럼 말이지요. 약한 사람들은 흔히 말합니다. 우리가 힘을 모아 봐야 결국 요만큼이야. 과연 그럴까요? 약자의 협력은 종종 창조적인 효과를 만들어 냅니다.

『한비자(韓非子)』에 아주 재미 있는 이야기가 나와요. 역시 중국의 춘추 전국 시대 이야기입니다. 치이자피(鴟夷子皮)라는 사람이 전성자(田成子)라는 이를 주인으로 모시고 있었습니다. 전성자가 고국 제나라에서 무슨 잘못을 했는지 연나라로 달아나게 되었어요. 전성자는 앞에 가고 치이자피는 짐을 지고 뒤따르다 어떤 읍에 이르렀는데, 속으로 자못 걱정이 심했지요. 당시에 공식적인 사신도 아니면서 험한 길을 지나 남의 나라로 들어가다가는 길에서 해코지 당하기 십상이었기 때문입니다. 그때 치이자피가 이런 이야기를 들려줍니다.

"어르신은 마른 연못의 뱀(涸澤之蛇) 이야기를 못 들어 보셨습니까? 어떤 연못에 물이 자꾸 말라 물뱀들이 피난을 갈 수밖에 없었습니다. 그때 작은 뱀 하나가 큰 뱀에게 말했지요. '자네가 먼저 가고 내가 뒤를 따르면, 그저 뱀이 큰 길을 간다고 생각하고 분명 자네를 죽이려는 사람이 있을 걸세. 그러니 자네가 나를 지고 가는 것이 어떻가? 이 기이한 모습을 보면 사람들은 나를 신군(神君, 신)이라 생각할 걸세.' 이리하여 큰 뱀이 작은 뱀을 지고 대로를 지나가자 사람들이 모두 피하면서 '신군이다.' 하더랍니다."

전성자가 그 이야기를 알아듣고는 자기가 짐을 지고 시종 역할을 하고 치이자피는 주인 노릇을 하며 여관에 들어갔지요. 여관 주인이 화려한 옷을 입은 수려한

용모의 전성자를 시종으로 거느린 치이자피를 대단한 사람으로 여기고는 후하게 음식을 대접하고 모셨다고 합니다. 물론 전성자는 무사히 연나라로 들어갔지요.

그림 형제의 유명한 동화 「브레멘 음악대」에 나오는 동물들은 어떻게 행동했나요? 늙은 당나귀는 내다 팔리기 싫어 도망을 치지요. 그는 길에서 비슷한 처지의 늙은 고양이, 개, 닭을 만나 유랑 합창단을 만들 결심을 해요. 그런데 떠돌던 그들이 발견한 따뜻한 집은 하필 도둑들의 소굴이었습니다. 그들은 멋진 꾀를 내어 도둑들을 쫓아내지요. 당나위 등에 개가 올라타고, 그 위에 고양이가, 고양이 위에 닭이 타고는 힘차게 노래를 불렀습니다. 마치 큰 뱀 등에 작은 뱀이 탄 것을 본 사람들처럼 도둑들은 이 신기한 모습을 보고 '귀신이야!' 하며 도망쳐 버렸죠. 물론 그들은 그 따뜻한 집을 차지했고요.

뱀들과 전성자와 브레멘 음악대에 든 동물들은 모두 궁지에 몰린 이들이었습니다. 하지만 그들은 힘을 합쳐서 어려움을 극복해 냅니다. 뱀 두 마리가 큰 도로를 경쟁하듯 달렸더라면 둘 다 죽었겠지요? 네 동물이 서로의 작은 힘을 합쳐 그 '괴물'로 변신하지 않았다면 그들은 늙고 지친 몸을 가누지 못했겠지요?

되새기기

獨	木	不	成	林				
홀로 독	나무 목	아닐 불	이룰 성	수풀 림				

松	茂	柏	悅					
소나무 송	무성할 무	측백 백	기쁠 열					

兎	死	狐	悲		同	病	相	憐
토끼 토	죽을 사	여우 호	슬플 비		한가지 동	병 병	서로 상	불쌍히 여길 련

脣	亡	齒	寒		吳	越	同	舟
입술 순	망할 망	이 치	찰 한		성씨 오	넘을 월	한가지 동	배 주

何	必	蝸	牛	角	上	爭		
어찌 하	반드시 필	달팽이 와	소 우	뿔 각	위 상	다툴 쟁		

勝	則	生	怨		負	則	自	鄙
이길 승	곧 즉	날 생	원망할 원		질 부	곧 즉	스스로 자	더러울 비

無	諍	自	安					
없을 무	간할 쟁	스스로 자	편안 안					

03
친구를 사귈 때는 주관을 가지고

好而知其惡, 惡而知其美者, 天下鮮矣. 『대학』
三人成虎, 先入爲主,
眾惡必察, 眾好必察. 『전국책』, 『한서』, 『논어』

그 사람을 좋아하면서도 그 사람의 나쁜 점을 알고, 그 사람을 싫어하면서도 그
사람의 아름다운 점을 아는 사람은 세상에 드물다.
세 사람이 (작당하면 없는) 호랑이도 만들 수 있고, 사람은 먼저 들어온 말을 무
턱대고 믿는 경향이 있으니, 남들이 싫어하는 이라도 반드시 다시 보고 남들이
좋아하는 이라도 반드시 살펴보라.

편견과 선입견의 무서움: 증삼살인

'세 사람이 작당하면 없는 호랑이도 만든다'는 삼인성호(三人成虎)는 터무니없는 말도 자꾸 듣다 보면 믿게 된다는 성어입니다. 어떤 사람이 "시장에 호랑이가 나타났다!"라고 말하면 다른 사람들은 일단 '시장에 어떻게 호랑이가 나타나?' 하고 무시하지만, 누군가 또 말하면 '정말인가?' 하며 경계를 풀고, 세 번째 사람이 말하면 완전히 믿는다는 것입니다. 두 번째 사람은 첫 번째 사람의 말을 듣고 따라 하고, 세 번째 사람도 그 소문을 듣고 말하는 것인데도 말입니다.

증삼살인(曾參殺人)도 삼인성호와 같은 이야기입니다. 앞서도 등장했던 증삼은 공자의 제자로서 증자로 불리며, 효성으로 이름을 날렸던 인물입니다. 어느 날 증삼의 어머니가 베를 짜고 있는데 어떤 사람이 헐레벌떡 달려와 고했습니다.

"증삼이 사람을 죽였습니다."

그러자 어머니는 태연히 대답했습니다.

"내 아들은 그럴 사람이 아니오."

그런데 얼마 후 또 한 사람이 달려와 고했습니다.

"증삼이 사람을 죽였어요."

역시 어머니는 그럴 리 없다고 부인했습니다. 그러자 마지막으로 또 한 사람이 달려와 고했습니다.

"증삼이 사람을 죽였어요."

그러자 어머니는 바로 베틀을 버리고 달아날 채비를 했다고 합니다. 사실 사람을 죽인 이는 증삼의 동명이인이었지요. 효성 지극한 아들을 굳게 믿는 어머니도 소문의 힘에는 굴복했습니다. 소문이 만드는 선입견의 위력이지요. 사람을 사귈 때 우리도 흔히 그런 선입견을 가지지 않나요? 이번에는 춘추 시대 진(晉)나라로 가 볼게요.

기해(祁奚)는 진나라 군대의 헌병대장이었습니다. 기해는 때가 되어 이제 퇴임

하고 싶었습니다. 임금이 물었지요.

"그럼 후임으로는 누가 좋겠는가?"

기해가 대답했습니다.

"해호가 좋습니다."

놀랍게도 기해와 해호는 개인적으로 원수지간이었습니다. 원수에게 헌병대장의 중책을 맡기는 것은 적에게 칼을 건네는 것처럼 위험한 일이지요. 그런데 해호는 부임하기 전에 갑작스럽게 죽고 말았습니다.

그러자 임금이 다시 물었습니다.

"그럼 이제 누가 좋을까?"

기해가 대답했습니다.

"제 아들 오(午)가 좋겠습니다."

저번에는 원수를 추천하더니 이번에는 골육지친(骨肉之親)을 추천하네요. 『춘추좌씨전』은 기해의 행동을 이렇게 평가했습니다.

"원수라도 혈육이라도 가리지 않고 좋은 사람들을 추천했다. 좋은 사람들을 추천한 건 자기가 좋은 사람이었기 때문이다."

좋은 사람을 알아보는 기준은 남의 평판이 아니라 자기가 좋은 사람이 되어 내리는 판단이라고 하네요. 기해 같은 사람이 되기는 어렵지만 무턱대고 소문을 옮기고 믿는 사람이 될 필요는 없겠지요.

되새기기

好	而	知	其	惡			
좋을 호	말 이을 이	알 지	그 기	악할 악			

惡	而	知	其	美	者		
미워할 오	말 이을 이	알 지	그 기	아름다울 미	놈 자		

天	下	鮮	矣				
하늘 천	아래 하	고울 선 (드물 선)	어조사 의				

三	人	成	虎		先	入	爲	主
석 삼	사람 인	이룰 성	범 호		먼저 선	들 입	할 위	주인 주

衆	惡	必	察		衆	好	必	察
무리 중	미워할 오	반드시 필	살필 찰		무리 중	좋을 호	반드시 필	살필 찰

나를 먼저 들여다보자

目見毫毛, 而不見其睫, 以五十步笑百步.『사기』, 『맹자』
良藥苦口而利於病, 忠言逆耳而利於行.
有朋忠告善導, 改過遷善.『공자가어』, 『논어』, 『진서』

눈으로 남의 미세한 털도 볼 수 있지만 막상 자신의 속눈썹은 보지 못하듯이, 오십 보 달아난 사람이 백 보 달아난 사람을 비웃는다.

좋은 약은 입에 쓰지만 병에는 도움이 되고, 진실한 말은 귀에 거슬리지만 행동에는 도움이 된다. 그러니 친구가 진실하게 지적하고 바른길로 이끌면 잘못을 고치고 바른길로 가라.

오십보백보

우리 속담에 '똥 묻은 개가 겨 묻은 개 나무란다'는 말이 있습니다. '잘되면 제 탓 못되면 원님 탓'이라는 속담도 비슷한 뜻이지요. 남의 잘못은 잘 보이고 내 잘못은 보이지 않는 것은 어쩌면 자연스러운 이치지만, 이런 습관이 오래되면 자기 잘못은 고치지 않고 항상 남만 탓하는 사람이 되겠지요. 맹자는 양나라 혜왕에게 이런 이야기를 들려줍니다.

혜왕: 저는 나라를 다스릴 때 온 정성을 다할 뿐입니다. 황하 서쪽에 흉년이 들면 사람은 동쪽으로 옮기고, 곡식은 서쪽으로 옮겨서 구제했습니다. 동쪽에 흉년이 들어도 그렇게 했지요. 이웃 나라의 정치를 살펴보니 저처럼 온 마음을 다하는 임금이 없더군요. 그런데도 이웃 나라 사람들이 우리 나라로 몰려와 우리 나라의 인구가 늘지 않는 까닭은 무엇입니까?

맹자: 왕께서는 싸움을 좋아하시니 싸움으로 비유를 들어 보지요. 양측이 진열을 정비하고 싸움을 벌였습니다. 그런데 막상 싸움이 벌어지자 한쪽 병사들이 갑옷을 벗어 던지고 마구 달아나는데 어떤 이는 백 보를 달아나고 어떤 이는 오십 보를 달아나서 멈췄습니다. 자, 오십 보 달아난 병사가 백 보 달아난 병사를 비웃었습니다. 이게 될 일입니까?

혜왕: 그건 안 되지요. 비록 백 보는 안 되도 달아난 건 마찬가지 아닙니까?

맹자: 왕께서 이런 이치를 아시고도 이웃 나라보다 백성들이 더 많아지기를 바라서는 안 되지요. 왕이란 백성들이 안심하고 농사짓고, 편안히 살도록 하는 사람입니다.

농사 시기에 사람들을 함부로 부리지 않으면 곡식은 넘치고 넘칠 것입니다. 길에 사람이 죽어 넘어져 있어도 나라의 곡식을 풀어 구제할 생각을 하지 않고 '내가 한 것이 아니라 흉년 때문이다.' 하면, 이것은 흉기로 사람을 찔러 죽이고도 '내가 한 것이 아니라 흉기가 한 것이다.'라고 하는 것과 무엇이 다릅니까? 왕께서 흉년 탓을 하지 않고 자기의 행동을 탓한다면 세상 사람들이 양나라로 몰려들 것입니다.

이렇게 맹자는 싸움을 좋아하면서 백성을 위한다는 말의 모순을 냉엄하게 지적합니다. 한 번쯤 되새겨 볼 만한 말이지요?

되새기기

目	見	毫	毛					
눈 목	볼 견	터럭 호	터럭 모					

而	不	見	其	睫				
말 이을 이	아닐 불	볼 견	그 기	속눈썹 첩				

以	五	十	步	笑	百	步		
써 이	다섯 오	열 십	걸음 보	웃음 소	일백 백	걸음 보		

良	藥	苦	口	而	利	於	病	
어질 양	약 약	쓸 고	입 구	말 이을 이	이로울 리	어조사 어	병 병	

忠	言	逆	耳	而	利	於	行	
충성 충	말씀 언	거스릴 역	귀 이	말 이을 이	이로울 리	어조사 어	다닐 행	

有	朋	忠	告	善	導			
있을 유	벗 붕	충성 충	고할 고	착할 선	인도할 도			

改	過	遷	善					
고칠 개	지날 과	옮길 천	착할 선					

포용으로 넓어지는 나

泰山不辭土壤, 故能成其高,
河海不擇細流, 故能就其深.『사기』
林深則鳥棲, 水廣則魚遊,
水至淸卽無魚, 人至察卽無徒.『정관정요』, 『한서』

> 태산은 한 줌의 흙도 사양하지 않아서 그렇게 높아졌고, 강과 바다는 가느다란 물줄기를 가리지 않아서 그렇게 깊어졌다.
> 숲이 깊으면 새가 깃들고 물이 넓으면 물고기가 노닐지만, 물이 너무 맑으면 물고기가 없고 남의 잘잘못을 너무 따지면 따르는 이가 없다.

남의 잘못을 너무 따지지 말라: 반초와 습붕의 너그러움

흔히 어른들은 '자기보다 나은 사람을 사귀라'고 말하지요. 옳은 말입니다. 그러나 한 사람의 모든 면이 다른 어떤 사람보다 나은 경우는 거의 없습니다. 아인슈타인이 우사인 볼트보다 더 빨리 달릴 수는 없겠지요? 그럼 아인슈타인과 볼트는 서로 사귈 수 없는 것일까요? '자기보다 나은 사람을 사귀라'는 말은 남의 좋은점을 배우라는 뜻입니다. 좋은 점을 배우려면 두루두루 사귀어야겠지요?

『상서(尙書)』라는 책에 주공(周公)이 관리가 되어 임지로 가는 아들에게 당부하는 말이 나옵니다. 주공은 공자가 흠모한 성인입니다.

無求備於一夫.
무 구 비 어 일 부

한 사람이 모든 것을 갖추기를 바라지 마라.

세상에 완벽한 존재는 없습니다. 있다손 치더라도 완벽한 존재들만 모였을 때그 사회까지 완벽할 수는 없습니다. 공기가 잘 채워진 공을 한번 생각해 보세요. 완전한 공들은 만나면 서로를 튕겨 내지만 울퉁불퉁한 톱니들이 만나면 서로의틈을 메우고 연결되어 더 큰 조화를 이루지요.

"물이 너무 맑으면 물고기가 없다."라는 말도 비슷한 의미를 품고 있습니다. '호랑이 굴에 들어가야 호랑이를 잡는다'는 명언을 남긴 명장 반초(班超)가 한 말입니다. 반초는 후한(後漢)의 장군으로, 서역이라는 중국의 먼 서쪽 땅을 점령한 인물입니다. 서역은 오늘날 실크로드로 유명하지요. 그가 서역의 임지에서 돌아오면서 후임에게 '풍속이 다른 지역을 다스릴 때는 사람들을 가혹하게 다루지 말라'고 부탁하면서 저 말을 남겼습니다.

그런데 그 후임은 반초의 말을 따르지 않고 중국의 기준을 대며 현지인들의 잘

잘못을 계속 따졌습니다. 다른 민족의 통치를 받는 것도 속상한데, 계속 자기들 기준을 강요하니 기분이 좋을 리가 없었겠지요. 참다 못한 서역 사람들은 결국 반란을 일으켰습니다. 후임은 반초의 말을 듣지 않다가 혹독한 대가를 치렀지요.

전국 시대 말기 진(秦)나라도 한번 가 볼까요? 진나라는 외국에서 온 인재들 덕분에 강해졌지만, 외국 사람들 중 뛰어난 사람들은 남들의 의심을 받았지요. 외국에서 온 사람으로 가장 출세한 이가 바로 진시황의 보좌역 이사(李斯)였습니다. 때마침 외국의 간첩이 한 명 적발되자 외국 사람들을 모두 쫓아내 버리자는 여론이 일어났습니다. 이참에 이사도 쫓겨날 형편이었습니다. 그때 이사는 옛글을 인용해 여론의 부당함을 공박했습니다.

"태산은 한 줌의 흙도 사양하지 않아서 높아졌고, 강과 바다는 가느다란 물줄기를 가리지 않아서 깊어졌습니다."

그리고 또 말합니다.

"진나라에서 나지 않는 보배도 많고, 진나라 출신이 아닌 인재도 많습니다."

결국 이사는 진시황을 도와 중국 천하를 통일합니다. 오늘 같은 세계화 시대에 이사의 말은 더 적절한 것 같습니다.

이번에는 이사보다 더 훌륭한 정치인 관중이 한 말을 들어 보지요. 앞에도 등장했지만 관중은 춘추 시대 최고의 재상입니다. 그가 나이 들어 세상을 떠나려 할 때 임금인 환공이 슬퍼하며 물었습니다.

환공: 그대의 후계자로 누구를 정하면 되겠는가? 포숙은 어떤가?
관중: 포숙은 선을 좋아해서, 악을 지나치게 미워합니다. 그는 정치를 할 수 없습니다.
환공: 그럼 누가 할 수 있겠는가?
관중: 습붕이 좋습니다. 언젠가 습붕은 파산해서 길거리에 나앉은 집 쉰 가구를 구제한 적이 있는데, 정작 도움을 받은 이들은 누가 도움을 줬는

지도 몰랐다고 합니다.

다른 사람의 허물을 엄격하게 평가하고 미워하는 포숙보다 자신이 행해야 할 선을 먼저 실천하는 습붕이 재상으로서 더 낫다는 이야기입니다. 한 사람이 다 갖추기를 바라며 잘잘못을 너무 따지는 사람은 따르는 이가 없는 법이죠.

되새기기

泰	山	不	辭	土	壤			
클 태	메 산	아닐 불	말씀 사 (사양할 사)	흙 토	흙덩이 양			

故	能	成	其	高				
연고 고	능할 능	이룰 성	그 기	높을 고				

河	海	不	擇	細	流			
물 하	바다 해	아닐 불	가릴 택	가늘 세	흐를 류			

故	能	就	其	深				
연고 고	능할 능	나아갈 취	그 기	깊을 심				

林	深	則	鳥	棲				
수풀 임	깊을 심	곧 즉	새 조	깃들일 서				

水	廣	則	魚	遊				
물 수	넓을 광	곧 즉	물고기 어	놀 유				

水	至	淸	卽	無	魚			
물 수	이를 지 (지극할 지)	맑을 청	곧 즉	없을 무	물고기 어			

人	至	察	卽	無	徒			
사람 인	이를 지	살필 찰	곧 즉	없을 무	무리 도			

06

남의 노고에 감사하라

竹頭木屑, 作釘作布.『진서』

一粥一飯, 思農夫之汗, 半絲半縷, 念織女之勞.『치가격언』

誰知盤中餐, 粒粒皆辛苦.당시

대나무 조각 톱밥도 못을 만들고 포를 만든다.

죽 한 그릇, 밥 한 그릇에서도 농부의 땀을 생각하고, 실 반 올을 보면서도 베 짜는 여인의 노고를 기억하라.

누가 알 것인가? 상 위의 밥이, 한 알 한 알 모두 농부의 피땀인 것을.

모든 것을 소중히 여긴 자린고비 사령관 도간

지금은 물자가 넘치는 시절입니다. 먹지 않고 버리는 음식, 쓰지 않고 버리는 물건이 쓰레기장에 가득 쌓입니다. 그러나 세계의 어떤 지역에서는 굶주리거나 마실 물조차 없어 죽어 가고, 수많은 사람들이 환경 문제로 고통을 받습니다.

왜 한쪽은 남아서 버리는데 한쪽은 헐벗고, 물건은 넘치는데 정작 생명이 살아 가기에 필수 요소인 공기나 물은 이렇게 오염된 것일까요? 만상(萬象)을 자신의 관점에서 생각할 뿐, 남과의 관계 속에서 헤아리지 못하기 때문이 아닐까요?

이제 중국 진(晉)나라의 자린고비 사령관 도간(陶侃)의 일화를 들어 보려 합니다. 진나라는 원래 북쪽에 있다가 4세기에 남쪽으로 쫓겨 온 망명 왕조입니다. 도간은 그런 왕조를 다시 일으킨 사람이었죠. 무릉도원(武陵桃源)이란 이상향을 묘사한 유명한 시인 도연명의 증조부라고 하네요. 『진서(晉書)』에 나오는 일화입니다.

도간은 장강의 길목을 지키고 있었습니다. 그러니 항상 배를 만들고 수리해야 했지요. 그 과정에서 톱밥이니 대나무 조각이 많이 생겼습니다. 그는 하찮은 것들이지만 버리지 않고 쌓았습니다. 계속 배를 만드니 부산물들이 산처럼 쌓였겠지요.

어느 날 큰 눈이 내린 뒤 녹다 말아서 땅이 미끄럽고 질척거리기가 그지없었습니다. 그때 산처럼 쌓아 놓은 톱밥을 땅에다 뿌리니 아무도 미끄러지지 않았다고 합니다. 또 어느 날에는 조정에서 대규모 정벌을 떠나려 하니 배가 많이 필요했습니다. 배를 만들려면 나무못도 많이 필요했지요. 그때 도간은 쌓아 두었던 대나무 조각들을 나무못으로 썼다고 합니다. 그래서 대나무 조각과 톱밥도 버리지 않는다는 '죽두목설(竹頭木屑)'이라는 고사성어가 생겼습니다.

도간이 이런 부산물을 버리지 못한 것은 이것들이 모두 장인들의 피땀이라는 것을 알았기 때문이지요. 지금 먹고, 입고, 쓰는 것 중 우리가 직접 만든 물건은 거의 하나도 없습니다. 모두 다른 사람의 노동력 덕분에 만들어진 것이지요.

시야를 더 넓혀 볼까요? 『논어』에 이런 대화가 나옵니다.

> 공자: 나는 말을 않고 싶다.
>
> 자공: 선생님께서 말씀을 안 하시면, 저희들은 무엇을 배웁니까?
>
> 공자: 하늘이 무슨 말씀을 하더냐〔天何言哉〕? 사시를 운행하고〔四時行焉〕,
> 만물을 낳지만〔百物生焉〕, 하늘이 무슨 말을 하더냐?

하늘은 그토록 많은 일을 하면서도 말이 없는데, 개인은 얼마나 많은 일을 하기에 자신을 내세우나요? 세상에 개인의 힘으로 만드는 것은 하나도 없습니다. 모두 자연과 타인의 노력이 결합된 것이지요. 쌀 한 톨을 맺기 위해 농부는 물을 대고 김을 매고, 햇빛과 물의 도움으로 벼가 자라고 열매를 맺습니다. 나를 넘어 관계로, 인간을 넘어 자연으로, 이렇게 관점을 확대하면 생태계가 보입니다. 매 순간 타인의 노동과 자연의 은혜를 느끼며 살아가는 이가 바로 공자가 말한 성인일 겁니다.

되새기기

竹	頭	木	屑		作	釘	作	布
대 죽	머리 두	나무 목	가루 설		지을 작	못 정	지을 작	베 포

一	粥	一	飯					
한 일	죽 죽	한 일	밥 반					

思	農	夫	之	汗				
생각 사	농사 농	지아비 부	갈 지	땀 한				

半	絲	半	縷					
반 반	실 사	반 반	실 루					

念	織	女	之	勞				
생각 염	짤 직	여자 녀	갈 지	일할 로				

誰	知	盤	中	餐				
누구 수	알 지	소반 반	가운데 중	밥 찬				

粒	粒	皆	辛	苦				
낟알 입	낟알 립	다 개	매울 신	쓸 고				

07

덕은 스스로 드러난다

德不孤必有隣, 不患人之不己知, 患不知人也.『논어』

桃李不言, 下自成蹊.『사기』

덕 있는 이는 외롭지 않고 반드시 이웃이 있다. 남이 자기를 알아주지 않는 것을
걱정하지 말고, 자기가 남을 알아주지 않는 것을 걱정하라.

복사꽃 오얏꽃은 말이 없지만 그 나무 아래로는 자연스레 길이 생긴다.

복사꽃 오얏꽃은 말이 없지만: 묵묵한 장군 이광

앞에서 화살을 바위에 꽂았다는 명궁 이광 장군의 이야기를 한 적이 있지요? 여러 번 예로 들어 미안하지만, 그를 통해 아름다운 구절을 하나 익혀 봐요.

이 사람은 용감한 장군이기도 하지만 병사들을 사랑한 사람으로 더 유명합니다. 이광은 한나라의 북방에서 유목민들을 방어하는 임무를 수행했습니다. 이광은 항상 부하들과 함께 먹고 함께 자며 그들을 편하게 해 주었기에 병사들이 아버지처럼 따랐다고 합니다.

이광은 훌륭한 군인이었지만 벼슬은 높지 않았어요. 당시 한나라의 임금 무제 (武帝)는 미신을 상당히 믿는 사람이었습니다. 이광이 대단한 장군인데 큰 공을 세우지 못하는 것도 운수가 나쁜 사람이기 때문이라고 여겼지요. 그래서 더욱 이광을 크게 쓰지 않았습니다.

대신 이광은 부하들에게 절대적인 신임을 받았습니다. 가진 것이 있으면 다 부하들에게 주었고, 전장에서도 부하들과 항상 함께했다고 합니다. 그는 말이 별로 없는 사람이었지만 병사들은 명령을 내리지 않아도 알아서 행동했지요.

그래서 이광이 벼슬은 높지 않았지만, 그가 죽었을 때 온 나라 사람들이 모두 슬퍼했다고 합니다. 『사기』를 쓴 사마천은 이런 명언을 남겼습니다.

> 경전(『논어』)에 이런 말이 있다. "자기 몸이 바르면 명령을 내리지 않아도 따르고, 몸이 바르지 않으면 명령을 내려도 따르지 않는다(其身正, 不令而行, 其身不正, 雖令不從)." 이것은 이광 장군을 두고 한 말이 아닐까? 나는 이 장군을 본 적이 있다. 행동거지는 공손하니 꼭 촌사람 같고 말도 어눌했다. 그런데 그가 죽으니 온 세상의 그를 아는 이, 모르는 이들이 다 그토록 슬퍼한다. 그 진실한 마음이 사대부들을 감동시킨 것이다. '복사꽃 오얏꽃은 말이 없지만 그 나무 아래로는 자연스레 길이 생긴다(桃李不言, 下自成蹊)'는 속담이 있다. 간

단하지만 큰 뜻을 지닌 말이로다.

사마천이 말한 속담에 나오는 '혜(蹊)'는 작은 길이란 뜻이에요. 복사꽃 오얏꽃은 말이 없지만 그 은은한 향에 이끌린 사람들이 나무 아래를 오가면서 작은 길이 생겨 난다는 의미지요. 이광은 묵묵히 직무를 수행했지만 생전에 큰 벼슬에 오르지 못했고, 자랑도 할 줄 몰라서 딱히 주목도 못 받았습니다. 그러나 사람들은 모두 그의 품성을 알고 있었던 것입니다.

열심히 했지만 남이 알아주지 않아 속상할 때도 있어요. 그러나 모르는 것 같아도 사람들은 알고 있어요. 복사꽃 오얏꽃처럼 은은한 향기가 있는데 어떻게 모를 수 있겠어요.

되새기기

德	不	孤	必	有	隣			
덕 덕	아닐 불	외로울 고	반드시 필	있을 유	이웃 린			

不	患	人	之	不	己	知		
아닐 불	근심 환	사람 인	갈 지	아닐 불	자기 기	알 지		

患	不	知	人	也				
근심 환	아닐 부	알 지	사람 인	어조사 야				

桃	李	不	言		下	自	成	蹊
복숭아 도	오얏 리	아닐 불	말씀 언		아래 하	스스로 자	이룰 성	좁은 길 혜

이 책에서 만난 고전

『경화연(鏡花緣)』

19세기 청나라 문인 이여진(李汝珍)이 쓴 소설이다. 주인공은 『걸리버 여행기』
의 걸리버처럼 소인국과 인어국 등 여러 신기한 나라를 여행한다.

『공자가어(孔子家語)』

공자와 문인들의 대화를 엮은 책. 안사고에 의하면 『한서』 「예문지」에 실린 원
본은 안사고 시대에 이미 소실되어 있었고, 삼국 시대 위(魏)나라의 왕숙(王肅)이
새로 편집한 것이라고 한다. 주로 『논어』를 비롯한 알려진 경전에 있는 공자의 어
록을 모았지만 오늘날 사라진 문헌들에서 취한 것도 많아 여전히 사료적 가치가
있다.

『구당서(舊唐書)』

10세기 오대십국(五代十國) 시절 후진(後晉)의 유후(劉昫) 등이 당나라의 역사를
편찬한 관찬 역사책이다.

『국어(國語)』

『춘추좌씨전』과 함께 현존 최고의 사서로 평가된다. 『춘추좌씨전』은 편년체로 되어 있는 반면 『국어』는 나라별로 기술되어 있어서 『사기』의 편제에 큰 영향을 미쳤다.

「권학문(勸學文)」

주희(朱熹, 주자(朱子), 12세기)가 학문에 왕도는 없음을 강조하며 후학에게 당부하고자 지은 교훈시다.

『금고학고(今古學考)』

청나라 말기의 학자 요평(廖平)이 19세기 말에 쓴 고증학 서적이다.

『노자(老子)』

도가 사상의 창시자인 노자의 저작으로 알려져 있다. 최소한 기원전 3세기에 책으로 완성된 후 후대에 내용이 더해졌다. 최초의 『노자』는 억압적인 조치를 배격하는 무위(無爲, 無僞)와 인간의 본성을 따르라는 자연(自然)의 사상을 합쳐 독특한 체계를 만들었다.

『논어(論語)』

후학들이 공자(기원전 6~5세기)의 언행을 모아 기록한 어록이다. 내용이 평이하고 문장이 간결하나 깊은 사유를 담아 유가의 최고 경전으로 평가된다.

『논어전주문(論語傳注問)』

청나라 초기 학자 이공(李塨, 1659~1733)이 쓴 『논어』의 해설서다. 훈고학적 입장에서 『논어』의 편제에 따라 자신이 쓴 『논어전주』를 해석하고, 아울러 주희의 논어 해설을 검토하고 그 오류를 지적하였다.

『대당서역기(大唐西域記)』

당나라 승려 현장(玄奘)이 자신의 인도 구법 여행을 기록한 책이다. 7세기 당시 중앙아시아와 인도를 직접 보고 기록한 흔하지 않은 한문 서적이다.

『대학(大學)』

원래 『예기』의 한 편이지만 이제는 독립되어 『논어』, 『맹자』, 『중용』과 더불어 사서(四書)의 한 권으로 높여졌다. 유가의 입장에서 주로 최고 지도자의 태도와 마음가짐을 설파하고 있다.

『맹자(孟子)』

맹자(기원전 4~3세기)의 사상과 말을 편집한 책이다. 아성(亞聖)으로 추앙되는 맹자의 합리주의와 인본주의 사상이 돋보인다.

『묵자(墨子)』

전국 시대 초기의 사상가 묵자(墨子, 묵적(墨翟), 기원전 5세기)의 주장과 행적을 담은 책이다. 당시 묵가는 유가와 쌍벽을 이루는 거대 학파였다. 이 책에는 묵가의 과학 정신과 박애 및 반전 사상이 확연히 드러난다.

『방여승람(方輿勝覽)』

13세기 남송(南宋)의 학자 축목(祝穆)이 당대 송나라 강역의 지리와 풍속을 기술한 지리지다.

『법구경(法句經)』

석가모니의 음성을 기록한 가장 오랜 경전으로 평가되고 있다. 문장이 평이하고 내용이 대개 실천할 수 있는 지침들로 구성되어 있어 지금도 널리 읽히는 경전이다.

『본초강목(本草綱目)』

명 대(明代)의 약학자 이시진(李時珍)이 16세기에 편찬한 약용식물백과로서 무려 1892종의 약재를 기록했다. 조선의 허준은 『동의보감』을 쓰면서 이 책을 크게 참고했다.

『사기(史記)』

역사학의 아버지로 불리는 사마천(司馬遷)이 기원전 1세기에 완성한 사서로서 상고 시대부터 한 대까지를 다루고 있다. 평이한 단어를 구사하여 개인과 사회의 역사를 극적으로 엮은 「열전」은 고대 문학의 백미로 평가된다.

「사마온공 행장(司馬溫公行狀)」

11세기 송나라의 유명 문인 소식(蘇軾, 소동파(蘇東坡))이 역사가 사마광을 위해 쓴 행장(行狀, 고인이 평생 살아온 일을 적은 글)이다.

『사십이장경(四十二章經)』

불교 경전이 워낙 방대하므로, 최초로 인도 경전을 한문으로 번역한 이들이 불교 교리의 핵심을 42장으로 추려 구성한 것이다.

『사자소학(四子小學)』

주로 소학에서 글귀를 뽑아 네 글자로 편집한 조선 시대의 아동 한자 학습서다. 모두 네 글자의 대구로 되어 있어 초학자가 외기 편하다.

『삼국유사(三國遺事)』

고려의 승려 일연이 13세기에 쓴 삼국 시대의 역사책으로서 단군의 건국 신화를 수록했다. 또한 이 책은 당시 사회상을 알려 주는 풍부한 민간 설화와 전설을 담은 귀중한 민속학 자료집이다.

『삼국지(三國志)』

3세기 진(晉)나라의 역사가 진수(陳壽)가 쓴 위·촉·오 삼국의 역사다. 『사기』등과는 달리 감정을 최대한 자제하고 담담하게 사실을 기록했다. 얼마 후 배송지(裴松之)의 주가 덧붙여져 분량이 두 배로 늘어났는데, 진수의 원본에 배송지의 주가 붙은 『삼국지』는 훗날 소설 『삼국연의』의 저본이 되었다.

『상서(尙書)』

상고 시대부터 상(商)나라와 주(周)나라 시대를 기록한 사서이자 논설문집이다. 진(秦)나라의 분서갱유로 소실되었다가 한 대(漢代)에 다시 편찬되었다고 한다. 초기에는 『서(書)』라 불리다가 훗날 『서경(書經)』으로 불리며 유가의 경전으로 격상되었다.

『서유기(西遊記)』

16세기 명나라 문인 오승은(吳承恩)이 쓴 판타지 소설이다. 손오공과 저팔계를 비롯한 각 주인공들은 인간의 내면에 존재하는 결함과 가능성을 하나씩 상징한다. 명나라 신괴(神怪) 문학의 걸작으로서 흔히 『삼국연의』, 『수호지』, 『금병매』와 더불어 4대 기서로 불리며, 오늘날에도 널리 읽힌다.

『설원(說苑)』

한나라 때 유향이 편찬한 것으로『신서(新序)』처럼 전대의 고사를 모은 것이다.

『세설신어(世說新語)』

남조(南朝) 송(宋)나라의 유의경(劉義慶)이 5세기에 펴낸 사서이자 문학서이다. 고관이나 유명 문사 혹은 독특한 행적을 보인 인물들의 언행을 문학적으로 묘사했다.

『소학(小學)』

주희가 초학자를 위해 성리학에 입각하여 만든 예의도덕 교과서이다.

『송사(宋史)』

원 대(元代)에 편찬한 송나라의 관찬 역사서다. 중국은 후대 왕조가 선대 왕조의 기록을 근거로 통사를 편찬하는 전통이 무려 2000년간 이어졌다. 송사도 그중의 하나다.

『수타니파타』

가장 오래된 불교 경전 중 하나로서 한문으로는『경집(經集)』이라 한다. 제1품 「사품(蛇品)」에 코뿔소 뿔의 비유가 나온다. 중국 삼국 시대 오(吳)나라 때부터 일부가 한역(漢譯)된 것으로 보이지만 전체는 번역되지 않았다.

『순자(荀子)』

전국 시대 유가 사상가 순자(기원전 3세기)의 주장을 기록한 책이다. 공자의 인본철학을 계승하면서도 법가와 묵가의 사회철학을 융합하였다. 순자는 자연과 인간을 분리하여 사고한 철학자로서, 인간 사이의 무한한 투쟁을 방지하는 질서 유지의 근본 방편으로 인위(人爲)적 규범, 즉 예(禮)를 제시했다.

『시경(詩經)』

고문헌에 흔히 『시』라고 불리며, 현존 중국 최고의 시집이다. 서주 시대부터 춘추 시대까지의 민요와 아악에 쓰이는 시가를 모은 것으로서, 공자가 많은 편을 추려 300여 수로 정리했다고 한다. 특히 수록된 민요는 당시 평민들의 일상과 심리를 보여 주는 귀중한 자료다.

『신서(新序)』

한나라 유향(劉向, 기원전 1세기)이 고대의 전적들에서 뽑아 편찬한 교훈적인 이야기집이다. 오늘날 다른 책에서 볼 수 없는 내용들이 다수 있어서 고대사 연구의 보조 자료로 쓰인다.

『여씨춘추(呂氏春秋)』

기원전 3세기 진(秦)나라의 재상 여불위(呂不韋)가 주도하여 편찬한 경세서다. 유가, 묵가, 도가, 법가를 포함한 전국 시대의 여러 사상을 아우르는 백과전서적 사상서로 평가된다.

『연려실기술(燃藜室記述)』

조선 후기 학자 이긍익(李肯翊, 1736~1806)이 쓴 조선 시대의 기사본말체 역사책이다. 다루는 내용이 방대할 뿐만 아니라 출전을 밝히고 있어 역사 서술의 귀감으로 평가된다.

『열반경(涅槃經)』

석가모니의 입적 과정과 전후의 설법을 중심으로 편찬한 경전이다.

『열자(列子)』

전국 시대의 사상가 열자(열어구(列御寇))가 지었다고 전하지만 여러 저자의 공동 저작으로 보인다. 도가 사상을 기반으로 하지만 유가 등의 여타 사상도 포용했으며, 상상력을 자극하는 신비로운 이야기들은 중국 고대 문학의 보고다.

『예기(禮記)』

오경(五經)의 하나로서 한 대의 유학자들이 선대의 의례 서적과 선학의 언행을 참고하여 편찬한 의례 해설서다. 그러나 그 내용은 의례에 그치지 않고 정치 및 사상도 포함하고 있는데, 훗날 사서(四書)로 편입된 『대학』과 『중용』도 원래 『예기』의 일부분이었다.

『오월춘추(吳越春秋)』

후한(後漢)의 조엽(趙曄)이 1세기말(혹은 2세기 초)에 쓴 사실적인 역사 소설로서 춘추 시대 말기 오나라와 월나라의 처절한 각축을 다루고 있다.

『요사(遼史)』

원 대에 탈탈(脫脫) 등이 편찬한 선대 요나라의 역사를 기록한 책이다.

『육조단경(六祖壇經)』

남방 선종의 제6대 종사 혜능(慧能, 7~8세기)의 법어와 행적을 기록한 책이다. 세간의 지식에 얽매이지 않고 선을 통해 단번에 깨친다는 돈오(頓悟)의 사상을 피력한다.

『장자(莊子)』

전국 시대 철학자 장자(장주(莊周), 기원전 4~3세기)와 그 후학들의 주장을 기록한 책이다. 장자는 인간과 자연의 분리를 반대하고, 당시 유행하던 부국강병의 국가주의를 철저히 배격한 평화·자연주의 철학자였다. 특히 『장자』에 나오는 우화들은 흥미로운 소재와 촌철살인의 풍자성 때문에 뛰어난 문학 작품으로도 읽힌다.

「적벽부(赤壁賦)」

소식(蘇軾, 소동파(蘇東坡))이 옛날 거대한 전쟁터였던 적벽 앞에서 역사와 자연과 인간을 대비시키며, 인간의 유한함을 절감하고 자연과 융합하고 싶은 마음을 읊은 명작이다.

『전국책(戰國策)』

한나라 유향이 전국 시대 열국 유세가들의 언설을 모아 편찬한 것이다. 유향이 편찬했지만 원래 자료는 훨씬 이전에 존재했으며, 사마천은 『사기』를 저술하면서 이 자료를 십분 활용했다.

『전등록(傳燈錄)』

전등은 '등을 전한다', 즉 법통을 전수한다는 뜻이다. 이 책은 석가모니에서 시작하여 역대 중국 선종 종사들의 법맥을 기록한 책으로서 11세기 『경덕전등록(景德傳燈錄)』 이래 여러 권이 연이어 나왔다. 역대 선사들의 다양한 행적과 법어 및 선문답이 기록되어 있다.

『정관정요(貞觀政要)』

당나라 역사가 오긍(吳兢)이 당 태종과 신하들의 문답을 기록한 책으로서 제왕학의 교과서로 평가된다.

「제서림벽(題西林壁)」

송나라 시인 소식(소동파)이 여산 서림사의 벽에 썼다는 시다. 산을 오르면서 느끼는 감상을 통해 은근히 학문과 인생을 대하는 태도를 드러냈다.

「종수곽탁타전(種樹郭橐駝傳)」

당나라 문인이자 개혁적 관료인 유종원(柳宗元, 8~9세기)이 쓴 산문이다. 짧지만 인위와 무위의 조화를 추구하는 깊은 철학적인 성찰을 품은 작품이다.

「주덕송(酒德頌)」

이른바 죽림칠현(竹林七賢)의 한 사람인 진(晉)나라 문인 유령(劉伶, 3세기)이 술을 빌려 예법에 얽매이고 출세지향적이었던 당시 세태를 풍자하고 자유분방한 삶의 가치를 피력한 작품이다.

『주자어류(朱子語類)』

주희가 사망한 후 그가 강학한 내용을 모은 방대한 문집이다. 주희와 여러 제자들의 토론이 기록되어 있다.

『진서(晉書)』

당나라 때 방현령 등이 태종의 명을 받아 진(晉)나라의 역사를 기록한 관찬 사서로서 무려 21명의 편찬자가 참여하였다. 여러 학자들의 공동 작품인 까닭에 진을 묘사한 기존의 사서들의 부족한 부분을 충실히 보충했다는 평을 받는다.

『춘추좌씨전(春秋左氏傳)』

『좌전』이라고도 한다. 편년체로 쓴 현존 최고의 중국 사서로서, 공자가 쓴『춘추』에 좌구명(左丘明)이 해석을 붙인 것이라고 한다. 춘추 시대 열국들의 흥망성

쇠를 노(魯)나라의 입장에서 엄정하게 기술하고 있다.

『치가격언(治家格言)』

명나라 말기(17세기) 학자 주용순(朱用純)이 쓴 가훈으로서, 중국 가훈의 전범으로 꼽힌다.

「탄서부(嘆逝賦)」

삼국 시대 오나라 땅에서 태어나 진(晉)나라 시대에 활약한 문인 육기(陸機)가 먼저 세상을 떠난 친구와 친척을 아쉬워하는 마음을 읊은 노래다.

『포박자(抱朴子)』

동진(東晉)의 갈홍(葛洪, 2~3세기)이 쓴 도교 서적으로서, 기존의 도교 사상을 정리하고 신선이 되는 방법을 구체적으로 묘사했다.

『한비자(韓非子)』

전국 시대 말기(기원전 3세기) 법가 철학자 한비자가 쓴 논문집이다. 가혹한 법치를 주장하지만 그 이면에는 당시 착취받던 인민들의 혹독한 삶에 대한 연민도 스며 있다. 또한 기발한 이야기들로 엮인 우화들은 법가 사상과는 별개의 문학적인 가치를 지닌다.

『한서(漢書)』

1세기 후한(동한(東漢))의 역사가 반고(班固)가 쓴 전한(前漢, 서한(西漢))의 역사책으로서 흔히 『사기』와 비견된다. 『사기』가 문학적인 묘사가 뛰어나다면 『한서』는 사실 전달이라는 역사 본연의 임무에 더 치중하였다.

『한시외전(韓詩外傳)』

한 대의 학자 한영(韓嬰, 기원전 2세기)이 편찬한 전기집이다. 매번 『시경』의 한 구절을 가져와 교훈적인 결론을 이끌어 냈으므로 『한시외전』이라 이름 지었다.

『현중기(玄中記)』

동진(東晉)의 문인 곽박(郭璞, 3~4세기)이 쓴 지괴소설(志怪小說)로서 상상 속의 기이한 생물체에 대한 묘사가 풍부한 것으로 유명하다.

『회남자(淮南子)』

한 대 회남왕 유안(劉安, 기원전 2세기)이 여러 문객들을 모아 편찬한 잡가적 사상서이자 경세서이다. 우주의 운행을 다룬 형이상학에서 국가의 통치 원리와 개인의 처세까지 방대한 내용을 다루고 있다.

『후한서(後漢書)』

남조 송(宋)나라의 역사가 범엽(范曄, 5세기)이 쓴 후한(동한)의 역사다. 『사기』, 『한서』, 『삼국지』와 더불어 전사사(前四史)로 평가되는 걸작이다.

나의 첫 한문 공부

손으로 쓰고
마음으로 새기는

1판 1쇄 펴냄 2017년 5월 20일
1판 2쇄 펴냄 2019년 9월 3일

지은이 공원국
발행인 박근섭·박상준
펴낸곳 (주)민음사

출판등록 1966. 5. 19. 제16-490호
주소   서울시 강남구 도산대로1길 62
          강남출판문화센터 5층 (06027)
대표전화 02-515-2000 | 팩시밀리 02-515-2007
홈페이지 www.minumsa.com

ISBN 978-89-374-3426-6 (03700)